"공부습관 확실히 잡아 주는 공습국어"

공부습관을 잡으면 성적과 학습능력은 저절로 올라간다!

자기 분야에서 눈에 띄는 성과를 이루어 낸 많은 사람들은 한 목소리로 좋은 습관이 성공의 열쇠였다고 말합니다. 공부도 마찬가지입니다. 자신의 페이스를 꾸준히 유지하며 공부하는 습관을 들인다면 학습능력과 성적은 저절로 따라 올라갑니다.

올바른 공부습관이 없다면 학습능력은 사상누각!

본격적인 학교 공부를 시작하는 시기인 초등학교. 바로 이때 공부습관을 제대로 잡아 주는 것이 무엇보다 중요합니다. 이때 형성된 공부습관이 이후 중·고등학교에서의 학업 성취도를 좌우하기 때문입니다.

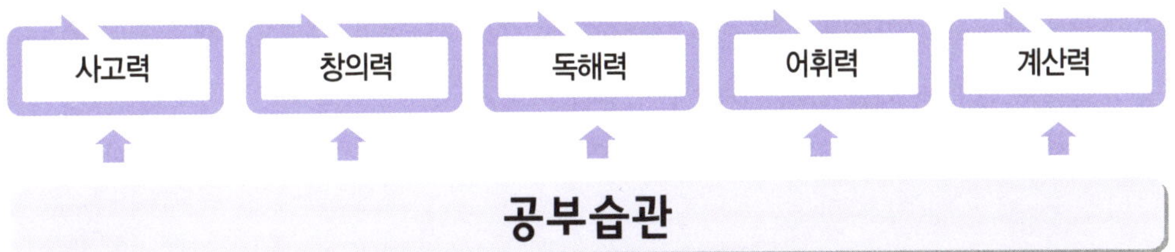

'워밍업 ➡ 해결전략연습 ➡ 의욕충전'의 3단계 학습법

본격적인 운동을 하기 전에 준비운동으로 몸을 풀면, 더욱 안전하고 효과적인 운동을 할 수 있습니다. 공부를 시작하기 전에도, 먼저 두뇌를 공부할 수 있는 상태로 풀어 주어야 더욱 효율적인 공부를 할 수 있습니다. 공습국어에서는 준비운동을 통해 두뇌를 공부 모드로 바꿔 준 다음, 해결전략을 연습하는 문제를 풉니다. 그리고 공부 의욕을 높이는 짧막한 글로 마무리하여 학교·학원 공부를 더욱 충실히 수행할 수 있도록 합니다.

"공습으로 잡는 3대 공부습관"

•••• 첫째, 스스로 공부하는 습관

잔소리를 해서 공부를 시키는 부모와 잔소리 때문에 억지로 공부하는 아이, 모두 스트레스를 받습니다. 그러나 억지로 하는 공부는 오히려 아이에게 공부에 대한 반감만 일으킬 뿐입니다. 일단 아이의 공부 부담부터 줄여 주세요. 남들 한다고 따라서 이것저것 아이에게 시키지 마세요. 이 시기에는 하루하루 꾸준히 스스로 공부하는 습관을 잡아 주는 것만으로도 충분합니다.

공습은 하루 10분, 부담 없이 재미있게 공부할 수 있습니다. 아이와 하루 10분 공습 공부를 약속하고 지켜 보세요. 시키지 않아도 스스로 공부하는 아이를 만날 수 있을 것입니다.

•••• 둘째, 차례차례 문제를 해결하는 습관

긴 글만 보면 괜히 주눅이 들어서 자기가 가지고 있는 실력을 100퍼센트 발휘하지 못하는 아이들이 많습니다. 이것은 무엇보다 문제의 핵심이 무엇인지 파악하는 훈련이 되어 있지 않기 때문입니다. 학년이 올라갈수록 문제를 분석하여 해결 방법을 찾는 능력이 많이 요구됩니다. 초등학교 때부터 차례차례 문제를 해결하는 방법을 훈련하여, 이를 습관으로 만들어야 합니다.

공습은 절차적 문제해결전략을 반복해서 훈련함으로써, 핵심을 잡아내는 공부습관을 만듭니다.

•••• 셋째, 꾸준히 공부하는 습관

하루 세 끼 규칙적으로, 알맞은 양을 먹는 것이 건강을 지키는 방법입니다. 공부도 마찬가지입니다. 매일매일 아이가 할 수 있는 양만큼만 꾸준히 공부한다면, 아이는 공부와 시험에 대한 부담을 덜어 내고, 자신의 실력을 차곡차곡 쌓을 수 있습니다. 꾸준히 공부하기 위해서, 우선 아이 스스로가 공부는 할 만한 것이라는 자신감과 재미를 가져야 합니다.

공습은 문제해결전략만 이해하면 누구나 풀 수 있습니다. 따라서 아이는 문제를 풀면서 자신감을 갖게 되고, 이러한 자신감은 공부에 대한 재미로 이어져 꾸준히 공부할 수 있는 습관을 만듭니다.

•••• 어휘 간의 관계를 이해하고 다양하게 활용하는 습관을 잡는다.

영어 공부를 할 때는 영한사전이 아니라 영영사전을 찾아야 실력이 더 빨리 는다고 합니다. 어휘는 상황과 문맥에 따라 그 뜻이 달라지고, 비슷한 뜻의 어휘라도 상황에 알맞게 구별하여 사용해야 하기 때문입니다. 당장 문장을 해석하고 단어를 외울 때에는 단편적인 뜻을 이용하는 것이 더 편하지만 장기적으로 봤을 때 그런 습관은 독이 됩니다. 공습국어 초등어휘는 단순히 어휘의 뜻만을 외우도록 하지 않습니다. 어휘와 어휘 사이의 관계와 다양한 활용 방법을 반복적으로 훈련함으로써 다각도의 어휘 접근 방법을 일깨워 줍니다.

•••• 암기로 버텨 왔던 어휘를 사고력 확장을 이끄는 어휘로

암기를 통해 머릿속에 넣은 어휘로는 그 어휘가 원래 가지고 있는 개념만큼 다양하게 활용할 수 없습니다. 어휘는 변화무쌍하고 용례 또한 다양하기 때문에 어휘에 대한 접근 역시 과학적이고 다양한 방법으로 해야 합니다. 공습국어 초등어휘의 전략을 통해 어휘 간의 관계를 파악하고 어휘의 다양한 쓰임새를 알 수 있습니다. 어휘 간의 관계를 살펴보는 과정에서 자연스럽게 학습할 어휘의 양을 늘리고 질을 높일 수 있습니다. 또한 어떤 어휘를 보더라도 이런 전략들을 적용시키는 습관을 키울 수 있습니다. 공습국어 초등어휘는 어휘 학습뿐 아니라 사고력까지 높여 주는 과학적 프로그램입니다.

하나 처음 일주일 정도는 아이와 함께 하세요.

공습국어 초등어휘의 어휘 접근 전략을 아이가 이해할 수 있도록 일주일 정도는 아이와 함께 문제를 풀어 보세요. 각각의 전략 단계를 어떻게 풀면 되는지 설명해 주고, 채점을 통해 다시 한번 짚어 줍니다.

둘 매일 1회분씩 꾸준히 하도록 유도하되 강요하지 마세요.

아이에게 공부하라고 말하기 전에, 먼저 공부할 수 있는 환경과 조건을 만들어 주세요. 그리고 아이가 스스로 공부할 때까지 지켜봐 주세요. 또한 하루에 1회분 이상 진도를 나가지 않도록 지도해 주세요. 하루에 2회분 이상의 문제를 푸는 것은 꾸준한 공부 습관 형성에 방해가 될 수 있습니다.

셋 아이의 수준에 맞게 단계별로 선택하세요.

공습국어 초등어휘는 초등학교 교과서에서 뽑은 어휘들과 교과 과정 학습에 도움이 되는 어휘들로 이루어져 있습니다. 특히 요즘 국사의 중요성이 점점 부각되고 있기 때문에, 사회 과목의 경우 국사 영역을 따로 구분하여 어휘 학습을 하도록 구성하였습니다. 교과서를 바탕으로 한 어휘는 무엇보다 먼저, 꼭 알아야 하는 기본 어휘입니다. 또한 학교 수업에서 주로 이용되는 어휘들이기 때문에 천차만별인 아이들의 어휘 수준에 보다 가깝게 접근할 수 있습니다. 공습국어 초등어휘를 공부할 때, 해당 학년에 속하는 단계를 선택하여 학교 공부와의 연계성을 갖고 이해도를 높이는 것도 좋습니다. 그러나 학교 진도를 따라가기 위한 목적으로 무리하게 단계를 선택하지는 마세요. 공습국어 초등어휘는 단기적으로 국어 '성적'을 높이기 위한 교재가 아닙니다. 공습국어 초등어휘의 목적은 국어 '능력'을 높이는 것으로, 이것은 장기간의 훈련과 노력을 필요로 합니다. 아이의 어휘 실력에 맞는 단계를 선택할 때 최고의 효과를 얻을 수 있습니다.

단계	구성	어휘 출제 과목	출제 어휘 수
1 · 2학년	30회	국어, 수학, 과학, 사회, 예체능 영역	매 회 10~15개
3 · 4학년	30회	국어, 수학, 과학, 사회 영역	매 회 10~15개
5 · 6학년	30회	국어, 과학, 사회 영역	매 회 10~15개

『공습국어 초등어휘』는 공부를 시작하기 위한 준비운동인 「머리 풀어주는 퍼즐」과 본격적인 문제해결전략을 연습하는 「낱말이 쏙 생각이 쏙」(1. 가로세로 낱말 찾기, 2. 낱말 뜻 알기, 3. 비슷한 말 반대말 알기, 4. 큰 말 작은 말 알기, 5. 짝을 이루는 말(관용어) 알기, 6. 낱말 활용하기), 그리고 공부 의욕을 높여 주는 「생각 다지는 글」로 구성되어 있습니다. 아이들의 어휘 수준에 맞게 '낱말'과 '어휘'라는 말을 조정하여 사용하였습니다.

준비운동 – 머리 풀어 주는 퍼즐
다양한 퍼즐을 통해 두뇌를 공부 모드로 전환하고 아울러 창의사고력을 키웁니다.

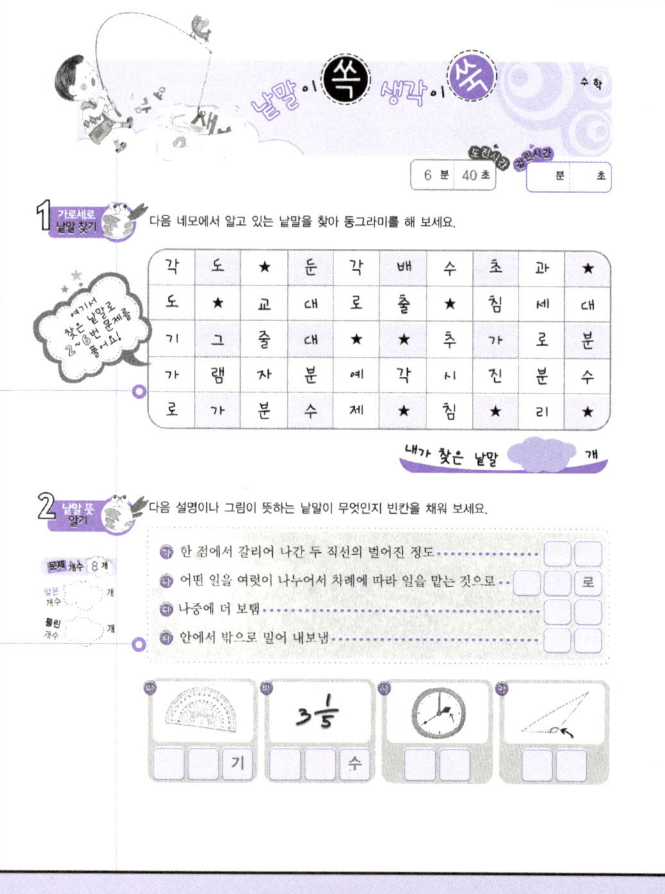

1. 가로세로 낱말 찾기
어휘를 찾아보는 가벼운 몸 풀기 문제입니다. 학습할 어휘와 뜻밖의 조합을 이루는 어휘를 찾으면서 흥미를 느낄 수 있습니다.

2. 낱말 뜻 알기
어휘의 뜻을 찾는 문제입니다. 어렴풋하게는 알지만 정확히 표현하기 어려웠던 어휘의 뜻을 사전적 설명과 그림을 통해 파악할 수 있습니다.

다음에서 비슷한 뜻끼리 짝지어진 것에는 '='로, 반대의 뜻끼리 짝지어진 것에는 '↔'로 나타내거나, 부호에 알맞게 낱말을 채워 보세요.

문제 개수 5 개
맞은 개수 　 개
틀린 개수 　 개

위도	↔	경도
땅 이름	=	(㉮)
방위	(㉯)	방향

자연 경계	(㉰)	행정구역
적도	(㉱)	극지방
등고선	(㉲)	동고선

낱말의 포함 관계에 따라 '<', 또는 '>'로 나타내고, 그림의 위치에 알맞게 낱말을 넣어 보세요.

문제 개수 6 개
맞은 개수 　 개
틀린 개수 　 개

지도 (>) 분포도
지도
분포도 ┃ 관광도

행정구역 (㉮) 구·읍
㉯
시·군 ┃ ㉰

명승고적 (㉱) 관광지
㉲
유적지 ┃ ㉳

짝을 이루는 말을 찾아 동그라미 하고, 그 말의 뜻을 보기 에서 찾아 번호를 쓰세요.

문제 개수 2 개
맞은 개수 　 개
틀린 개수 　 개

땅 넓은 줄 모르고　하늘 높은 줄만 안다.
세상 넓은 것만 안다.　바다 깊은 줄만 안다.
㉮ 번

물 좋고　숲 옆에
하늘 높고　정자 좋은 데가 있으랴!
② 번

보기
① 키만 훌쭉하게 크고 마른 사람을 놀림조로 이르는 말.
② 모든 조건을 두루 갖춘 곳이 있기는 힘들다는 말.

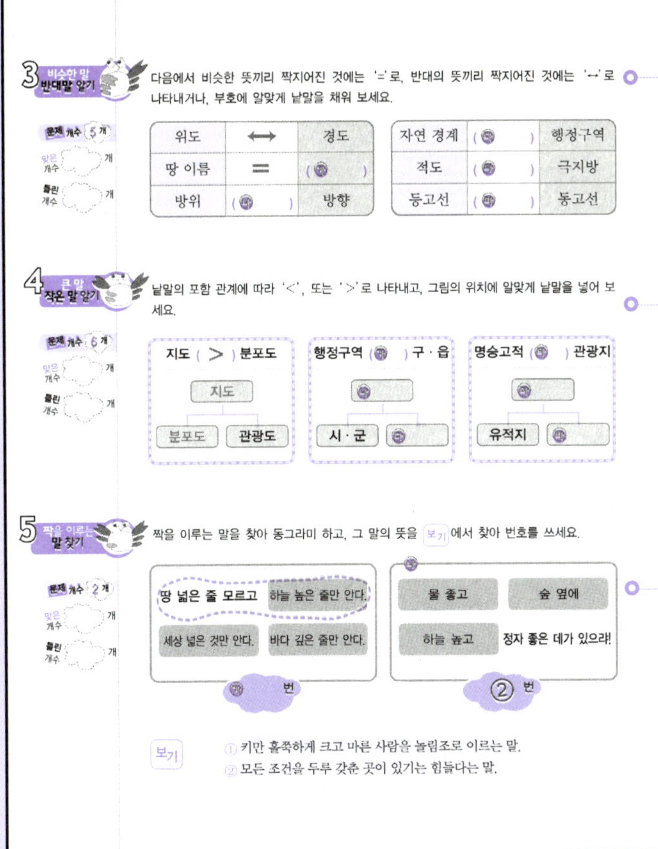

3. 비슷한 말 반대말 알기

비슷한 말과 반대말을 파악하는 문제입니다. 하나의 어휘에 연결되는 비슷한 말, 반대말까지 자연스럽게 알게 되어, 어휘의 의미를 좀 더 분명하게 알 수 있습니다.

4. 큰 말 작은 말 알기

어휘의 포함 관계를 파악하는 문제입니다. 부등호와 그것을 바탕으로 만들어진 조직도를 통해 어휘 간의 상위 개념과 하위 개념을 구분할 수 있습니다.

5. 짝을 이루는 말(관용어) 찾기

관용어를 찾고 그 뜻을 알아보는 문제입니다. 어휘가 관용적으로 쓰이면 원래의 뜻에 변화가 오기 때문에 어휘의 개념 확장에 대해 이해할 수 있습니다.

다음 ㉮~㉲ 의 ( )에 알맞은 낱말을 보기 에서 찾아 번호를 쓰고, ㉲ 의 질문에 답해 보세요.

문제 개수 5 개
맞은 개수 　 개
틀린 개수 　 개

㉮ 도서관에서 빌린 책을 내일까지는 ( )해야 한다.
㉯ 우리가 옛날에 있었던 일을 알 수 있는 것은 ( )으로 남아 있기 때문이다.
㉰ ( )를 많이 한 우리 아빠는 여러 방면에 두루두루 ( ).
㉱ "네 머릿속의 생각을 말로 ( )해야 다른 사람이 알 수 있단다."
㉲ '붓을 들다'를 넣어 스스로 짧은 글을 지어 보세요.
→

보기 ① 글감 ② 독서 ③ 해박하다 ④ 표현 ⑤ 기록 ⑥ 반납 ⑦ 소재

총 문제 개수 32 개 　 총 맞은 개수 ( ) 개 　 총 틀린 개수 ( ) 개

6. 낱말 활용하기

학습한 어휘가 실제 문장이나 생활에서 활용되는 것을 보여 주는 문제입니다. 문맥을 파악하고 상황을 연상하는 능력을 키울 수 있습니다.

마무리 – 생각 다지는 글

공부에 도움이 되는 이야기, 좋은 생활 습관을 다지는 이야기 등 부모가 아이에게 해 주고 싶은 이야기를 다양하게 싣고 있습니다.

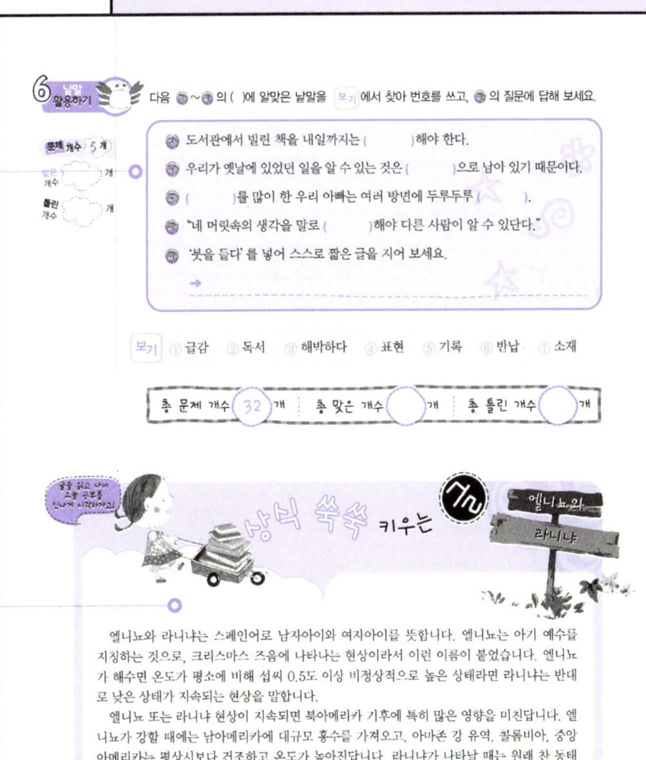

엘니뇨와 라니냐는 스페인어로 남자아이와 여자아이를 뜻합니다. 엘니뇨는 아기 예수를 지칭하는 것으로, 크리스마스 즈음에 나타나는 현상이라서 이런 이름이 붙었습니다. 엘니뇨가 해수면 온도가 평소에 비해 섭씨 0.5도 이상 비정상적으로 높은 상태라면 라니냐는 반대로 낮은 상태가 지속되는 현상을 말합니다.

엘니뇨 또는 라니냐 현상이 지속되면 북아메리카 기후에 특히 많은 영향을 미친답니다. 엘니뇨가 강할 때에는 남아메리카에 대규모 홍수를 가져오고, 아마존 강 유역, 콜롬비아, 중앙아메리카는 평상시보다 건조하고 온도가 높아진답니다. 라니냐가 나타날 때는 원래 찬 동태평양의 바닷물은 더욱 차가워진답니다. 따라서 동남아시아에는 격심한 장마가, 남아메리카에는 가뭄이, 그리고 북아메리카에는 강추위가 찾아온답니다.

1. 가로 세로 낱말 찾기

다음 네모에서 알고 있는 낱말을 찾아 동그라미를 해 보세요.

명	절	다	리	밟	기	땔	오	장	★
★	한	탈	춤	윷	★	감	곡	작	보
대	식	조	★	놀	민	요	밥	★	릿
보	★	동	지	이	속	판	소	리	고
름	더	위	팔	기	아	궁	이	★	개

내가 찾은 낱말 16 개

　　가로 혹은 세로에 숨어 있는 어휘를 찾아 동그라미로 묶습니다. 한 글자씩 겹치기도 합니다. '윷놀이'와 '더위팔기'의 끝 글자들이 '이기'라는 조금 생소한 글자를 만들기도 하고, 또 '다리'와 '밟기'처럼 각자의 뜻을 가지고 있는 어휘들이 '다리밟기'라는 하나의 뜻을 만들기도 합니다. 그래서 학습자의 수준에 따라 주어진 글자로 만들 수 있는 어휘의 개수가 달라집니다. 어떤 아이는 '동위'처럼 잘 쓰이지 않는 어휘를 찾을 것이고, 더러 호기심이 많은 아이는 '판궁'처럼 뜻이 없는 어휘를 찾아 그 뜻을 궁금해 할 것입니다.

　　찾은 어휘를 세어 개수를 표시합니다. 해설지에 표시된 어휘보다 더 많이 찾을 수도 있고 적게 찾을 수도 있습니다. 찾은 개수는 그다지 중요하지 않습니다. 그러나 해설지에 표시된 어휘는 교과서에서 뽑은 기본 어휘입니다. 곧 문제를 풀기 위해 기본적으로 필요한 어휘이므로 많이 찾지 못했을 경우에는 아이에게 조금 더 시간을 주세요. 그리고 아이와 함께 누가 빨리 어휘를 찾아내는지 게임을 하며 아이의 흥미를 높여 주세요.

2. 낱말 뜻 알기

다음 설명이나 그림이 뜻하는 낱말이 무엇인지 빈칸을 채워 보세요.

㉮ 곡식은 떨어지고 보리는 여물지 않아 먹을 것이 없는 때 ·· 보 릿 고 개

㉯ 설날이나 추석처럼 해마다 일정하게 지키어 즐기거나 기념하는 때 ··· 명 절

㉰ 일 년 중 낮이 가장 짧고 밤이 가장 긴 절기 ············· 동 지

㉱ 일반 백성들 사이에 내려오는 풍속 등 문화를 통틀어 이르는 말 · 민 속

㉲ 탈 춤　　㉳ 판 소 리　　㉴ 윷 놀 이　　㉵ 아 궁 이

〈1. 가로세로 낱말 찾기〉에서 찾은 어휘 중, 설명과 그림이 가리키는 어휘를 찾아 빈칸에 써 넣습니다.

3. 비슷한 말 반대말 알기

다음에서 비슷한 뜻끼리 짝지어진 것에는 '≒'로, 반대의 뜻끼리 짝지어진 것에는
'↔'로 나타내거나, 부호에 알맞게 낱말을 채워 보세요.

장작	(㉮ ≒)	땔감
하지	↔	(㉯ 동지)
아궁이	(㉰ ≒)	불구멍

민속	(㉱ ↔)	현대
판소리	(㉲ ↔)	대중가요
대보름달	↔	초승달

　　비슷한 말끼리 짝을 지은 것에는 '같다'를 뜻하는 '≒' 표시를, 반대말끼리 짝을 지은 것에는 '다르다'를 뜻하는 '↔' 표시를 합니다. 그리고 낱말 부분이 빈칸인 것에는 제시된 어휘와 비슷한, 혹은 반대의 뜻을 지닌 어휘를 써 넣습니다. '장작'과 '땔감'은 비슷한 뜻이니 ㉮에는 '≒'를 넣고, '민속'과 '현대'는 반대의 뜻이니 ㉱에는 '↔'를 넣습니다. 또 '하지'와 반대의 뜻을 가지고 있는 말을 〈1. 가로세로 낱말 찾기〉에서 찾으면 '동지'가 가장 적당하므로, ㉯에는 '동지'를 써 넣습니다.

4. 큰 말 작은 말 알기

낱말의 포함 관계에 따라 '<', 또는 '>'로 나타내고, 그림의 위치에
알맞게 낱말을 넣어 보세요.

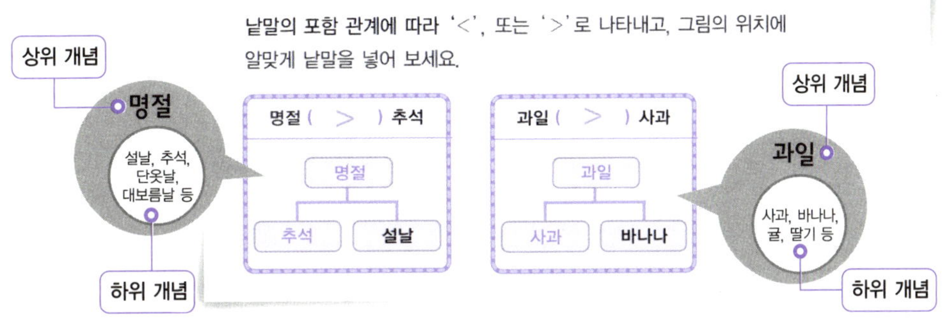

　　'추석'이나 '설날'은 해마다 기념하는 날들로 이들을 아울러 '명절'이라고 부릅니다. 곧 명절은 명절의 예들을 모두 포함하는 상위 개념이고, '추석', '설' 등은 명절에 포함되는 하위 개념임을 알 수 있습니다. 포함 관계를 부등호로 나타내며, 더 범위가 큰 쪽에 부등호를 향하게 합니다. 조직도에는 상위 개념이 위의 칸에, 하위 개념이 아래 칸에 들어갑니다.

　　벤다이어그램을 보면 어휘의 포함 관계를 더욱 쉽게 알 수 있습니다. 우선 아이들에게는 쉬운 예를 들어 설명해 주세요. '사과', '바나나', '과일'이라는 어휘가 있다면 사과와 바나나는 과일의 한 종류로 '과일'에 속합니다. 부등호는 '과일' 쪽으로 향하며, 조직도 위의 칸에는 '과일'이, 아래 칸에는 '사과'와 '바나나'가 자리합니다.

짝을 이루는 말을 찾아 동그라미 하고, 그 말의 뜻을 [보기]에서 찾아 번호를 쓰세요.

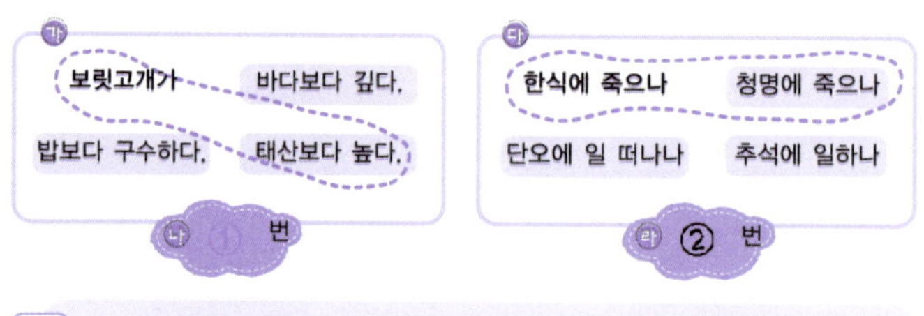

[보기]
① 농사지은 식량으로 보리가 날 때까지 견디기가 매우 힘들다.
② 하루 먼저 죽으나 뒤에 죽으나 같다.

관용어를 이루는 어휘의 짝을 찾아 동그라미로 묶습니다. 그리고 그것들이 짝을 이루어 나타내는 뜻을 [보기]에서 찾아 그 뜻에 해당하는 번호를 빈칸에 써 넣습니다. 앞서 학습한 어휘가 들어가는 말을 최대한 이용하였고, 뜻이나 상황에서 관련성을 갖는 어휘도 이용하였습니다.

6. 낱말 활용하기

다음 ㉮~㉱의 ( )에 알맞은 낱말을 [보기]에서 찾아 번호를 쓰고, ㉲의 질문에 답해 보세요.

㉮ 정월 대보름날 (⑤   )은/는 한여름 더위를 미리 다른 이에게 파는 놀이이다.
㉯ 예전에는 산에서 나무를 해다가 (④   )(으)로 사용하였다.
㉰ 춘향가, 심청가 등의 (⑥   )은/는 우리에게는 동화로 더 유명하다.
㉱ 우리나라는 밤이 긴 (②   )에 팥죽을 쑤어 먹는 풍습이 있다.
㉲ '보릿고개'를 넣어 짧은 글을 지어 보세요.

→ 겨울이 지나고 보릿고개가 코앞에 닥쳤다.

[보기] ① 윷놀이 ② 동지 ③ 민속 ④ 땔감 ⑤ 더위팔기 ⑥ 판소리 ⑦ 보릿고개

학습한 어휘가 실제로 어떻게 활용되는지 보여주는 문제입니다. 앞뒤의 문맥을 보고 적합한 어휘를 선정하여 문장을 완성합니다. 그리고 짧은 글짓기를 하거나 그 말이 사용되는 상황을 연상해 보며 언어사고력을 확장시킵니다.

차례 Contents

•••• 매일 매일 즐거운 마음으로 공습국어 초등어휘 1회부터 30회 까지 꾸준히 풀어 보세요. 자, 준비됐나요? 그럼 신나게 시작해 보세요!

도전 시간	걸린 시간
00 분 15 초	분 초

창의사고력 기초 다지기   주의집중력   쏙~

보기의 태극기와 똑같은 그림을 골라 보세요.

보기

❶

❷

❸

❹

번

도전시간		걸린시간	
8 분	40 초	분	초

1 가로세로 낱말 찾기

다음 네모에서 알고 있는 낱말을 찾아 동그라미를 해 보세요.

증	생	김	새	록	새	록	뼈	움	사
기	관	차	특	여	우	비	아	켜	태
주	막	개	성	울	횃	불	픈	잡	배
디	★	물	맴	이	겸	연	쩍	은	설
젤	고	철	수	세	식	애	완	동	물

내가 찾은 낱말 　　 개

2 낱말 뜻 알기

다음 설명이나 그림이 뜻하는 낱말이 무엇인지 빈칸을 채워 보세요.

가 수증기. 또는 액체나 고체가 증발 또는 승화하여 생긴 기체 ·····

나 어떤 감정이 뼛속에 사무치도록 정도가 깊은 ·············

다 일이 되어 가는 형편이나 상황. 또는 벌어진 일의 상태 ········

라 강이나 바다의 바닥이 얕거나 폭이 좁아 물살이 세게 흐르는 곳 ··

14

다음에서 비슷한 뜻끼리 짝지어진 것에는 '='로, 반대의 뜻끼리 짝지어진 것에는 '↔'로 나타내거나, 부호에 알맞게 낱말을 채워 보세요.

주막집	=	주막
개성	(가)	개인성
고철	(나)	헌쇠

특성	(다)	보편성
배설물	(라)	분비물
겸연쩍은	(마)	당당한

4 큰 말 작은 말 알기

낱말의 포함 관계에 따라 '<' 또는 '>'로 나타내고, 그림의 위치에 알맞게 낱말을 넣어 보세요.

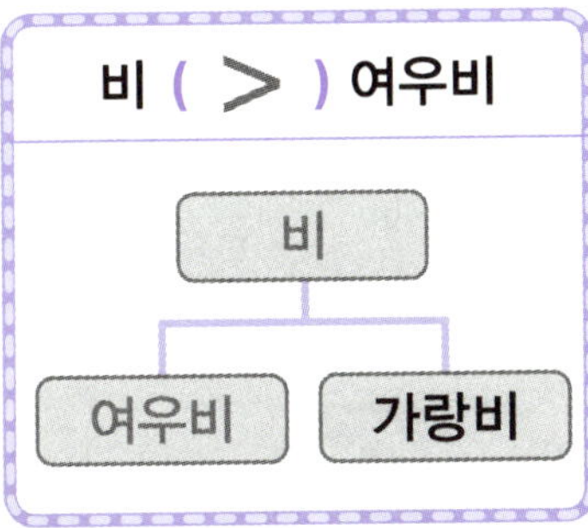

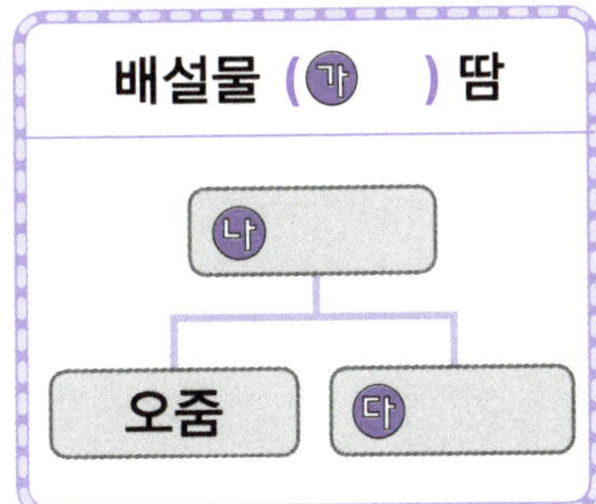

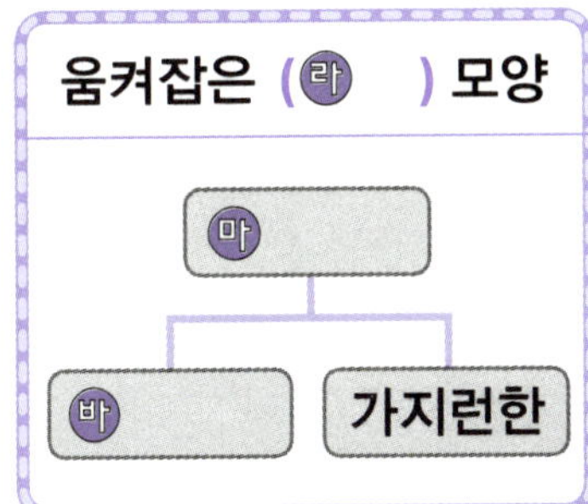

5 짝을 이루는 말 찾기

짝을 이루는 말을 찾아 동그라미 하고, 그 말의 뜻을 보기 에서 찾아 번호를 쓰세요.

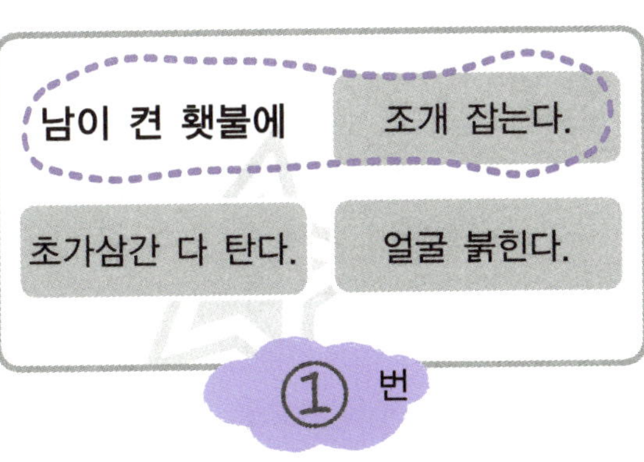

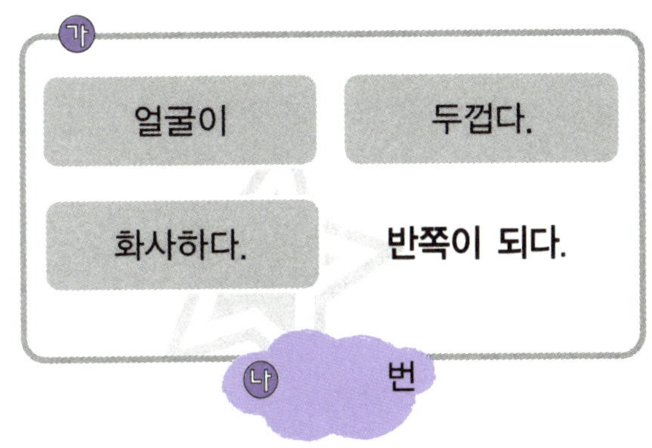

보기
① 남의 덕택으로 거저 이익을 보게 되다.
② 병이나 고통 따위로 얼굴이 몹시 수척하여지다.

6 낱말 활용하기

다음 나~라 의 ( )에 알맞은 낱말을 보기 에서 찾아 번호를 쓰고, 마 의 질문에 답해 보세요.

가 과거에 대한 (①) 반성을 통해 그는 새로운 사람으로 거듭나게 되었다.

나 그는 자기의 실수가 ( )지 멋쩍은 웃음을 보였다

다 영희는 ( )도 예쁘지만 마음 씀씀이가 더 고운 아이였다.

라 해가 있음에도 내린 ( ) 때문인지 풀들의 빛깔이 더욱 선명해졌다.

마 '횃불'을 넣어 짧은 글을 지어 보세요.

→

보기 ① 뼈아픈 ② 여울 ③ 횃불 ④ 생김새 ⑤ 겸연쩍은 ⑥ 여우비 ⑦ 고철

총 문제 개수 25 개 ┊ 총 맞은 개수 개 ┊ 총 틀린 개수 개

'벼는 익을수록 고개를 숙인다.' 는 말이 있어요. 이 말은 겸손해야 한다는 뜻이랍니다.

겸손이란 으스대거나 자만하지 않고 자신을 낮추는 마음가짐을 말해요. 사람들은 겸손하게 행동하면 자신이 남보다 낮아진다고 생각하고는, '겸손해야 한다.' 는 말을 썩 마음에 들어 하지 않습니다. 그러나 겸손은 내가 낮아지는 것이 아니라, 나를 낮춤으로써 오히려 더 높아지는 거랍니다.

운동회 날 달리기 경주에서 꼴등을 했다고 상상해 보세요. 1등을 한 친구가 자꾸만 뽐을 내면 어떤 마음이 들까요? 조금 얄밉고 잘난 척하는 것으로 보일 거예요. 하지만 내 마음을 알기라도 하듯, 친구가 아무 말도 없이 물병을 내밀어 준다면 정말 고마울 거예요. 겸손은 더 큰 사랑과 고마움을 불러온답니다.

도전 시간	걸린 시간
00 분 15 초	분 초

창의사고력 기초 다지기 연상추리력 쏙~

짝이 맞는 그림끼리 서로 이어 보세요.

1.   •   •ㄱ.

2.   •   •ㄴ.

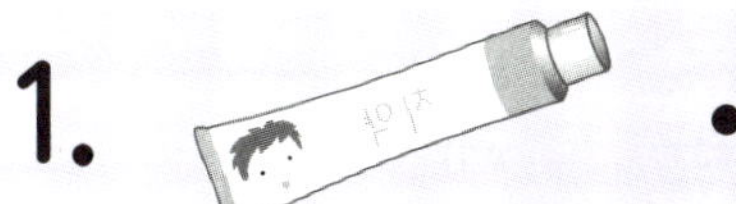

3.   •   •ㄷ.

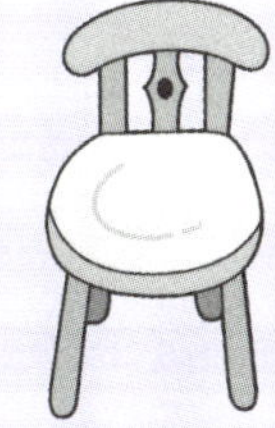

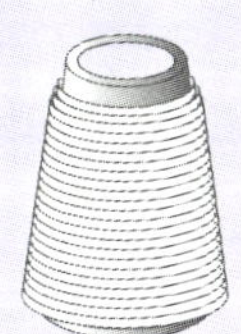

4.   •   •ㄹ.

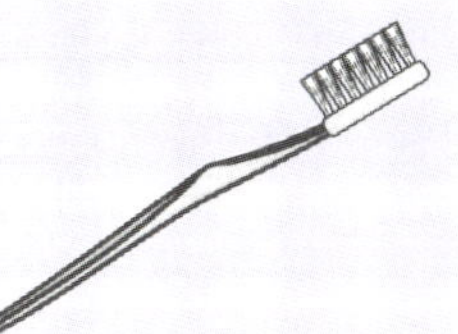

1 가로세로 낱말 찾기

다음 네모에서 알고 있는 낱말을 찾아 동그라미를 해 보세요.

문	화	재	역	사	지	도	개	경	충
국	보	박	★	적	합	선	죽	교	신
건	축	물	종	토	성	승	례	문	한
연	표	관	묘	★	석	★	궁	궐	양
도	읍	지	다	보	탑	예	사	롭	게

내가 찾은 낱말   개

2 낱말 뜻 알기

다음 설명이나 그림이 뜻하는 낱말이 무엇인지 빈칸을 채워 보세요.

문제 개수 8 개

맞은 개수   개

틀린 개수   개

㉮ 문화재 보호법이 보호의 대상으로 정한 유형, 무형, 민속, 사적, 명승지 따위를 이르는 말 ....

㉯ 돌을 재료로 하여 쌓은 탑. ....

㉰ 나라의 보배란 뜻으로 나라에서 지정하여 법으로 보호하는 문화재 ·

㉱ 한 나라의 서울로 삼은 곳 ....

㉲

㉳ [ ][물]

㉴ [지][도]

㉵ [숭][ ][ ]

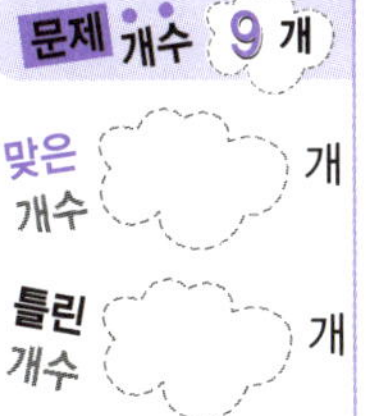

다음에서 비슷한 뜻끼리 짝지어진 것에는 '='로, 반대의 뜻끼리 짝지어진 것에는 '↔'로 나타내거나, 부호에 알맞게 낱말을 채워 보세요.

수도	=	(가)
예사롭게	(나)	특별하게
토성	(다)	흙성

연표	(라)	연대표
충신	(마)	간신
숭례문	(바)	남대문

낱말의 포함 관계에 따라 '<' 또는 '>'로 나타내고, 그림의 위치에 알맞게 낱말을 넣어 보세요.

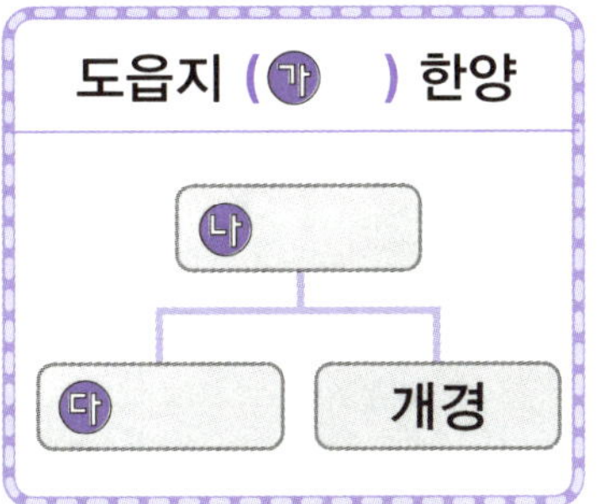

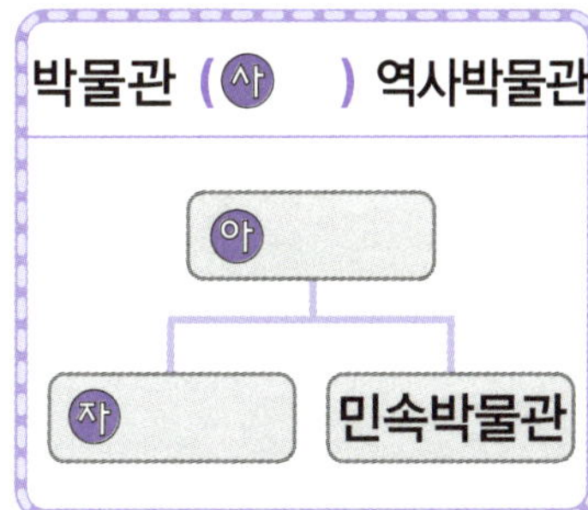

짝을 이루는 말을 찾아 동그라미 하고, 그 말의 뜻을 보기 에서 찾아 번호를 쓰세요.

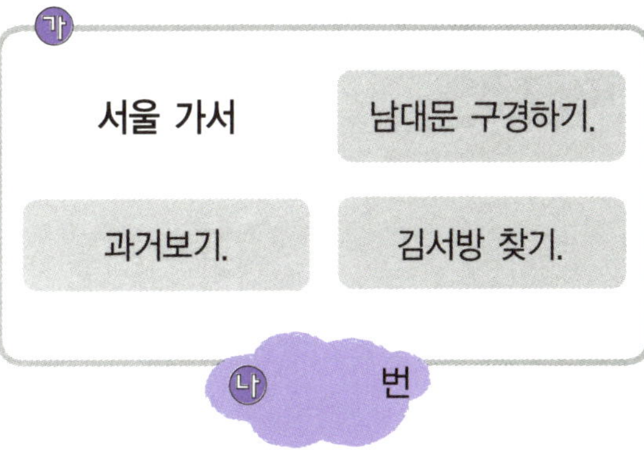

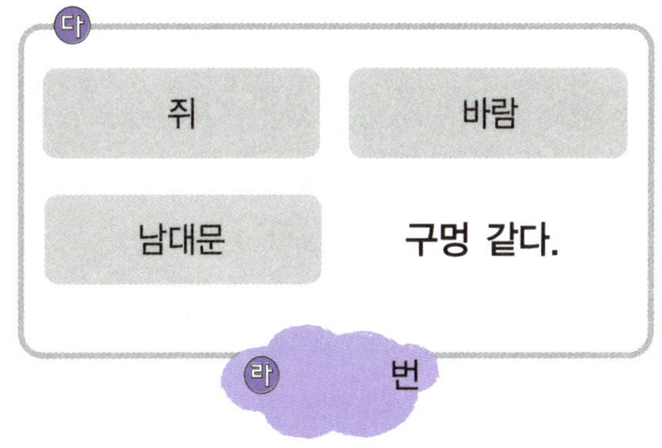

보기

① (비유적으로) 구멍이 매우 크다.
② 주소나 이름도 모르고 막연하게 사람을 찾아가다.

다음 ㉮~㉲ 의 ( )에 알맞은 낱말을 보기 에서 찾아 번호를 쓰고, ㉺ 의 질문에 답해 보세요.

㉮ 얼마 전 국보 1호였던 ( )이 화재로 소실되었다.

㉯ 고려는 개경을, 조선은 한양을 각각 ( )로 정했다.

㉰ 역사적으로 발생한 사건을 연대순으로 적은 것을 ( )라고 한다.

㉱ ( )는 크게 유형과 무형으로 나눌 수 있다.

㉲ '남대문 구멍 같다.'는 어떤 경우에 쓰는 말인지 써 보세요.

→ ____

보기 ① 문화재 ② 석탑 ③ 국보 ④ 도읍지 ⑤ 연표 ⑥ 역사지도 ⑦ 숭례문

총 문제 개수 (32) 개 | 총 맞은 개수 ( ) 개 | 총 틀린 개수 ( ) 개

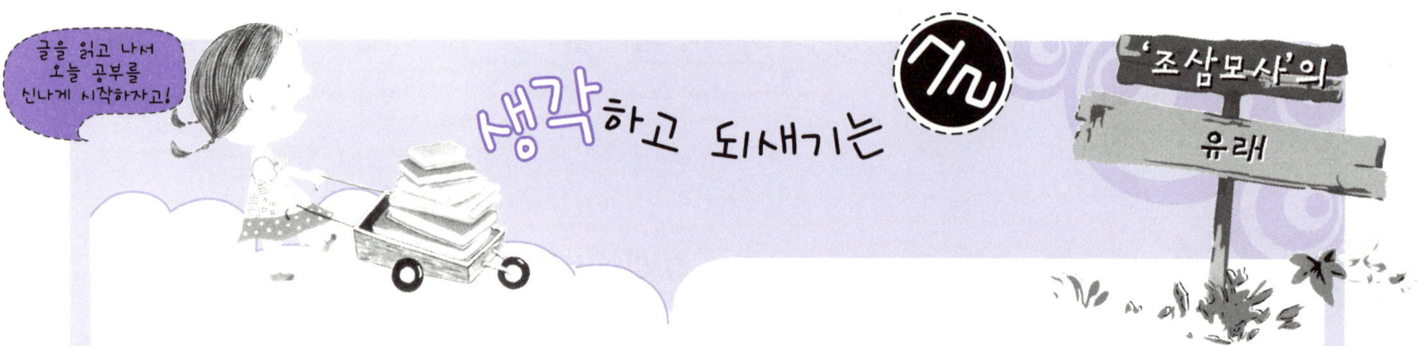

간사한 꾀로 다른 사람을 속이는 것을 일컬어 '조삼모사(朝三暮四)'라고 하는데, 여기에는 원숭이와 관련된 이야기가 전해온답니다.

옛날 송나라에 저공이라는 사람이 원숭이를 키우고 있었어요. 그런데 원숭이가 한 마리 두 마리 늘어나기 시작하더니, 그 수가 결국에는 더 이상 먹이를 줄 수 없을 만큼 늘어났답니다. 어느 날, 저공이 꾀를 내어 원숭이에게 물었어요. "내가 도토리를 아침에는 세 개, 저녁에는 네 개를 주려고 한단다. 너희들 생각은 어떠니?" 그러자 원숭이들이 "에잇! 아침에 도토리 세 개만 먹으면 배가 고프잖아요." 하며 투덜거리는 거예요. 그러자 저공이 얼른 말했어요. "그럼, 아침에 네 개, 저녁에 세 개를 줄게. 그럼 괜찮지?" 그러자 원숭이들이 좋다면서 박수를 쳤답니다.

'조삼모사'란 저공의 원숭이들처럼 당장 눈앞에 보이는 차이에만 신경을 쓸 뿐 그 결과가 같다는 것은 모를 때 쓰는 말이랍니다.

03회 머리 풀어 주는 퍼즐

도전 시간	걸린 시간
00 분 15 초	분 초

창의사고력 기초 다지기 판단능력 쏙~

별 모양의 종이를 점선을 따라 접었더니 다음과 같은 모양이 되었어요.
점선의 모양은 어떤 것이었을까요?

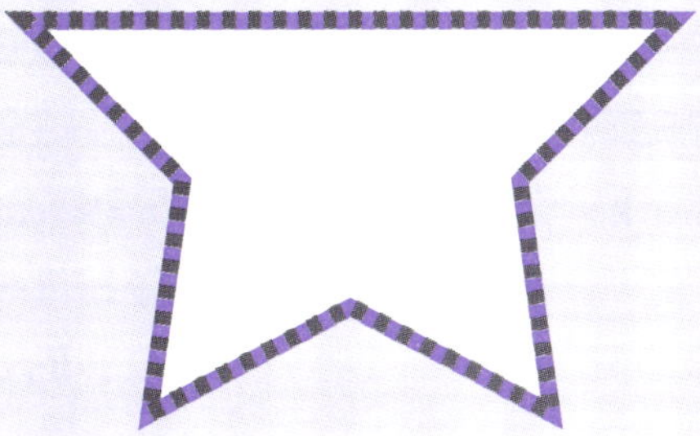

❶ 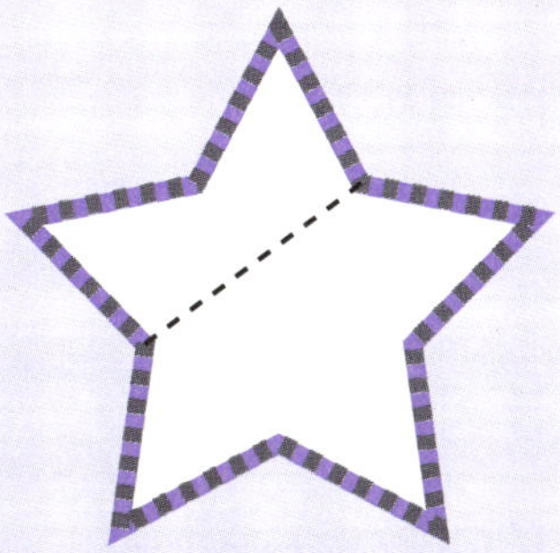 ❷ 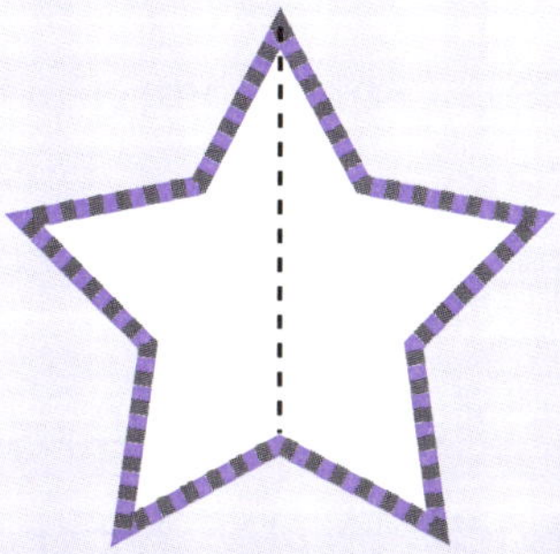 ❸

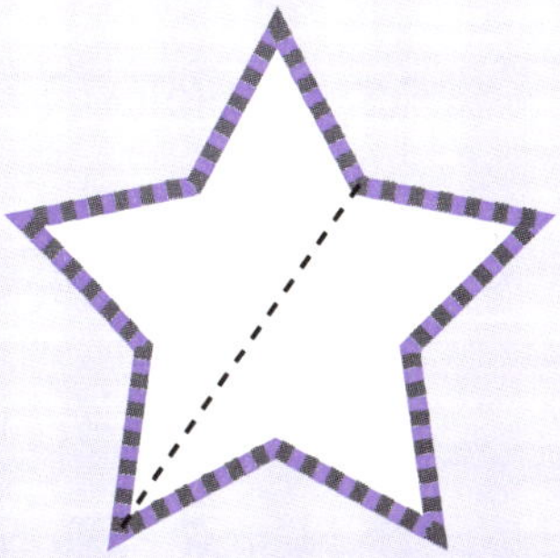

❹ 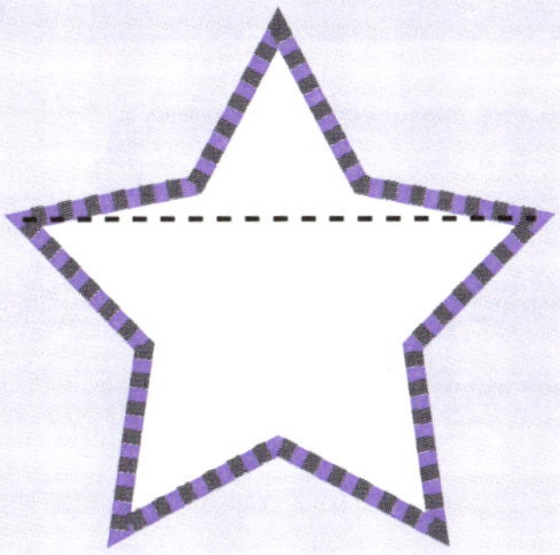 ❺

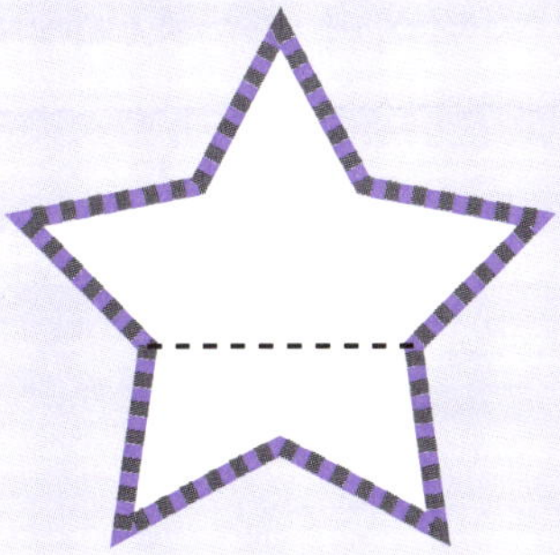

번

도전시간 걸린시간

8 분 00 초 | 분 초

1 가로세로 낱말 찾기

다음 네모에서 알고 있는 낱말을 찾아 동그라미를 해 보세요.

공	예	학	예	회	★	아	늘	한	전
★	절	★	유	병	풍	승	용	차	시
도	능	무	형	문	화	재	여	건	붐
우	력	질	서	★	목	운	영	해	비
미	동	양	대	청	현	악	부	킹	다

내가 찾은 낱말 ◯ 개

2 낱말 뜻 알기

다음 설명이나 그림이 뜻하는 낱말이 무엇인지 빈칸을 채워 보세요.

문제 개수 8 개

맞은 개수 ◯ 개

틀린 개수 ◯ 개

㉮ 물건을 만드는 기술에 관한 재주 ······················· ☐ ☐

㉯ 남의 컴퓨터 시스템에 침입하여 장난이나 범죄를 저지르는 일 ···· ☐ ☐

㉰ 포근하게 감싸 안기듯 편안하고 조용한 느낌이 있는 ······ ☐ ☐ 한

㉱ 좁은 공간에 많은 사람이나 자동차 따위가 들끓다. ········ ☐ ☐ 다

㉲ 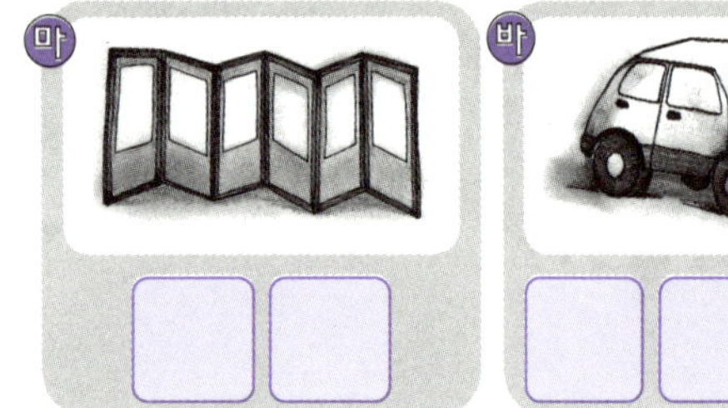 ☐ ☐

㉳ 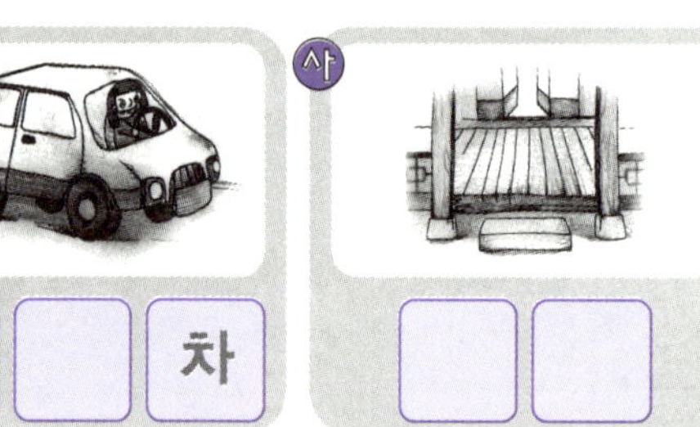 ☐ 차

㉴  ☐ ☐

㉵  ☐ ☐

3 비슷한 말 반대말 알기

다음에서 비슷한 뜻끼리 짝지어진 것에는 '='로, 반대의 뜻끼리 짝지어진 것에는 '↔'로 나타내거나, 부호에 알맞게 낱말을 채워 보세요.

문제 개수 6 개

맞은 개수 ◯ 개

틀린 개수 ◯ 개

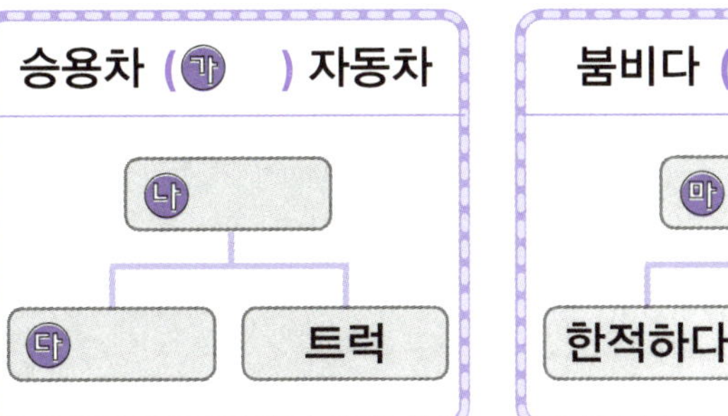

조건	=	(㉮)
능력	(㉯)	무능력
질서	(㉰)	무질서

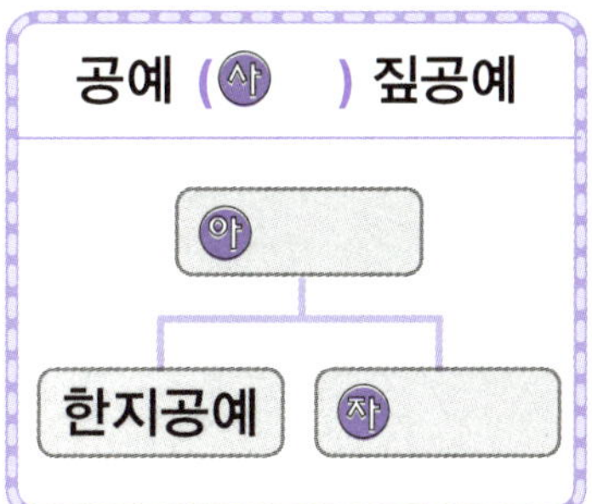

화목	(㉳)	불화
붐비다	(㉱)	한적하다
동양	(㉲)	서양

4 큰 말 작은 말 알기

낱말의 포함 관계에 따라 '<' 또는 '>'로 나타내고, 그림의 위치에 알맞게 낱말을 넣어 보세요.

문제 개수 9 개

맞은 개수 ◯ 개

틀린 개수 ◯ 개

승용차 (㉮) 자동차

㉯
㉰ · 트럭

붐비다 (㉱) 상황

㉲
한적하다 · ㉳

공예 (㉴) 짚공예

㉵
한지공예 · ㉶

5 짝을 이루는 말 찾기

짝을 이루는 말을 찾아 동그라미 하고, 그 말의 뜻을 보기 에서 찾아 번호를 쓰세요.

문제 개수 4 개

맞은 개수 ◯ 개

틀린 개수 ◯ 개

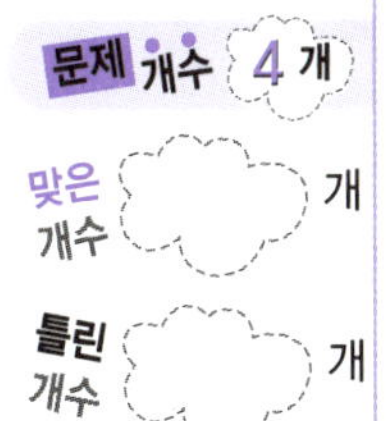

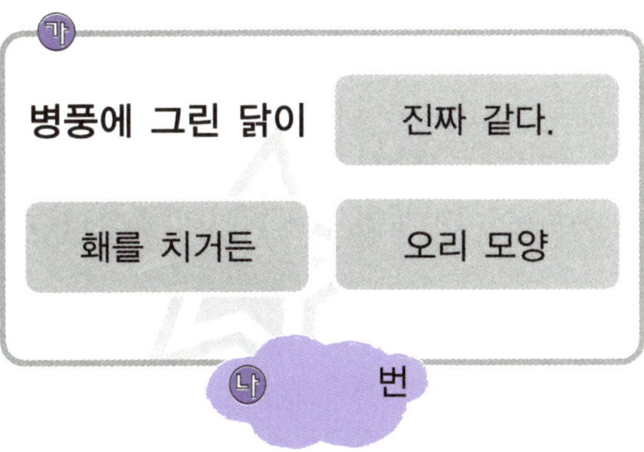

㉮

병풍에 그린 닭이 ／ 진짜 같다. ／ 화를 치거든 ／ 오리 모양

㉯ ◯ 번

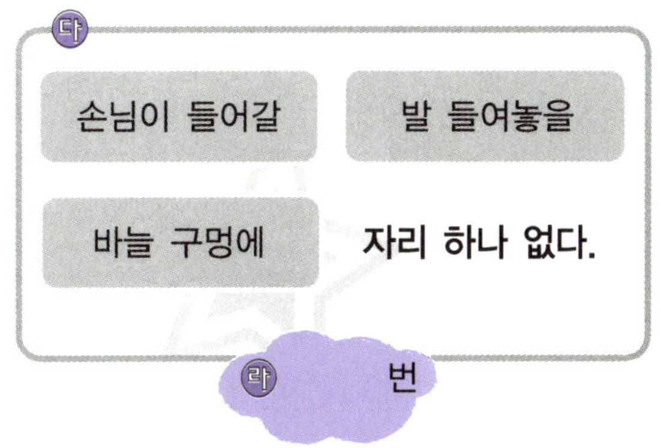

㉰

손님이 들어갈 ／ 발 들여놓을 ／ 바늘 구멍에 ／ 자리 하나 없다.

㉱ ◯ 번

보기

① 사람이 너무 많이 들어서거나 들어앉아 매우 비좁다.

② (비유적으로) 도저히 불가능한 일이어서 기약할 수 없다.

다음 ㉮ ~ ㉣ 의 ( )에 알맞은 낱말을 [보기]에서 찾아 번호를 쓰고, ㉤ 의 질문에 답해 보세요.

㉮ 누군가에 의해 중요한 정보가 담긴 컴퓨터를 (   )당했다.

㉯ 보다 (   ) 분위기를 위해 엄마는 집 단장을 새로 하겠다고 하셨다.

㉰ 공부는 지금의 성적이 아니라 미래의 내 (   )을 키우는 일이다.

㉱ 일을 잘하기 위해서는 개인의 능력도 중요하지만 주변 (   )도 중요하다.

㉲ '붐비다'를 넣어 짧은 글을 지어 보세요.

→

[보기] ① 공예   ② 해킹   ③ 아늑한   ④ 붐비는   ⑤ 여건   ⑥ 능력   ⑦ 화목

총 문제 개수 (32) 개 | 총 맞은 개수 (   ) 개 | 총 틀린 개수 (   ) 개

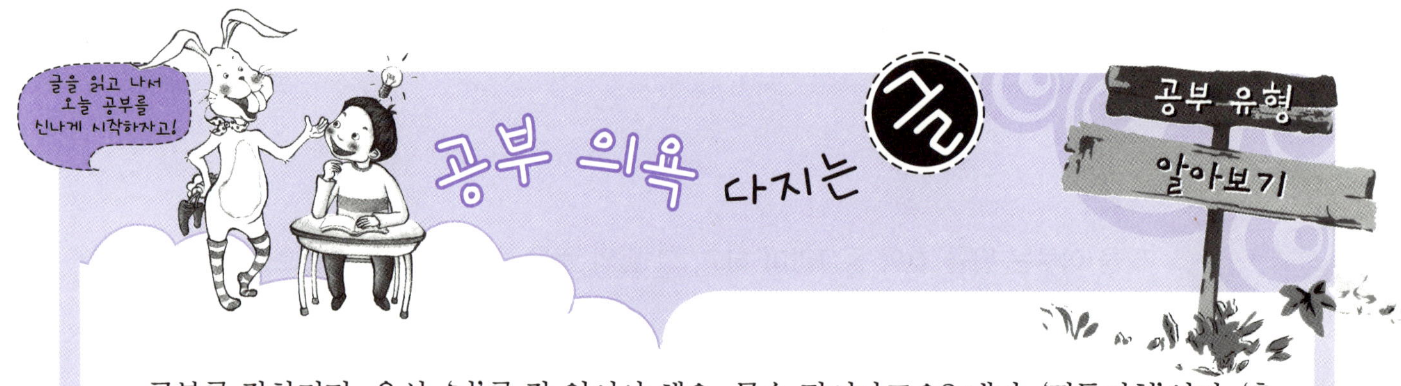

공부를 잘하려면, 우선 '나'를 잘 알아야 해요. 무슨 말이냐고요? 내가 '찐득이형'인지 '촐싹이형'인지를 파악해야 한다는 의미예요. 책상 앞에서 한 시간 이상 진득하니 오랜 시간 앉아 있을 수 있다면 '찐득이형', 십 분도 버티지 못하고 이리저리 촐싹거리며 돌아다닌다면 '촐싹이형'이랍니다.

'찐득이형'은 공부 말고도 텔레비전이나 놀이 등도 오랜 시간 집중할 수 있으므로, 공부 시간을 먼저 정해야만 한답니다. 정해진 공부 시간에 그날의 숙제와 예습을 꾸준하게 해 나가면 된답니다. 매일 조금씩 시간을 늘려가는 것도 고학년을 대비한 좋은 방법이랍니다.

'촐싹이형'은 집중력이 부족하므로, 공부를 할 때에는 좋아하는 과목부터 시작하세요. 좋아하는 과목을 먼저 함으로써, 공부에 취미를 붙일 수 있답니다. 또한 짧은 시간이라도 책상에 앉아 있는 습관을 들이다 보면, 차츰 그 시간이 길어질 수 있습니다.

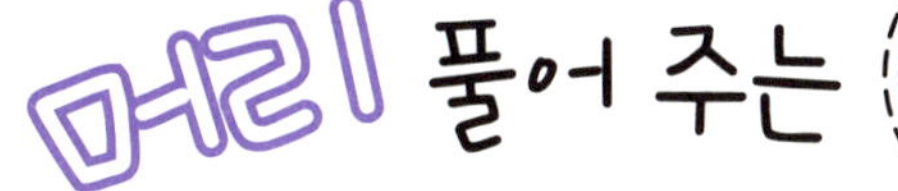

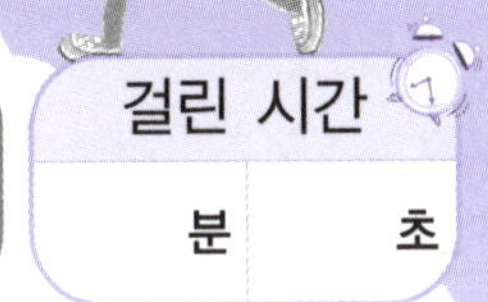

도전 시간	걸린 시간
00 분 15 초	분 초

창의사고력 기초 다지기 정보처리능력 쑥~

민아네 집은 스위치 세 개로 불을 켤 수 있습니다. 현관, 부엌, 거실, 화장실, 이 네 곳의 불을 두 개의 스위치만으로 켜려면 어떤 스위치를 눌러야 할까요?

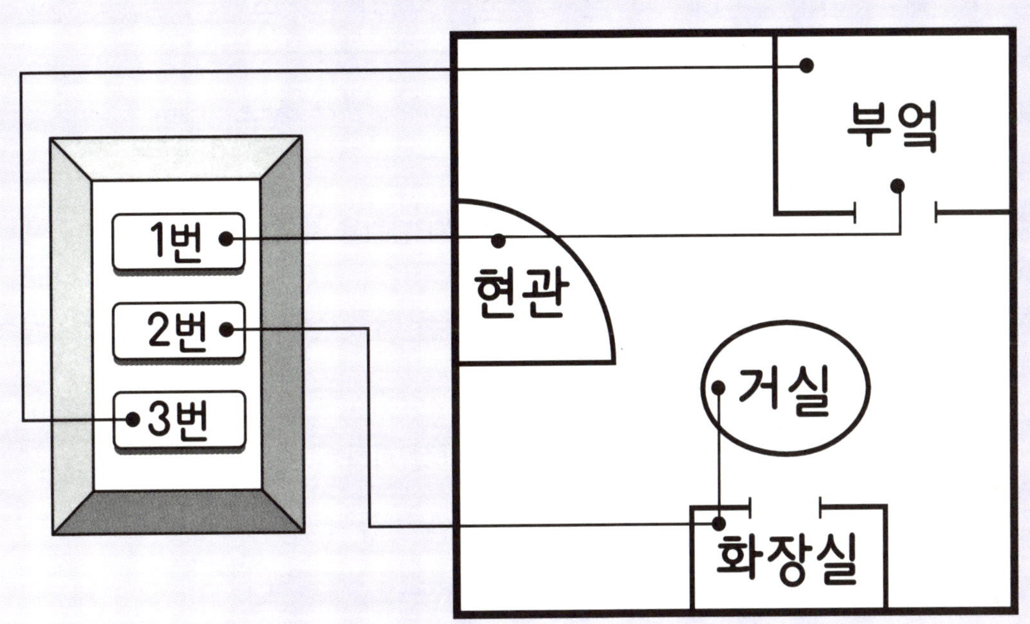

, 번

1 가로세로 낱말 찾기

다음 네모에서 알고 있는 낱말을 찾아 동그라미를 해 보세요.

여기서 찾은 낱말로 2~6번 문제를 풀어요!

독	귀	이	개	사	리	다	깐	깐	한
창	지	변	의	례	★	흘	깃	흘	깃
적	품	소	위	반	귓	옭	아	매	나
인	삯	등	받	이	바	하	마	터	면
★	시	나	브	로	퀴	솟	을	대	문

내가 찾은 낱말 ☐ 개

2 낱말 뜻 알기

다음 설명이나 그림이 뜻하는 낱말이 무엇인지 빈칸을 채워 보세요.

문제 개수 8 개

맞은 개수 ☐ 개

틀린 개수 ☐ 개

㉮ 다른 것을 모방함이 없이 새로운 것을 처음으로 만들어 내거나 생각해 내는 ☐☐☐ 인

㉯ 어떤 일에 적극적으로 나서지 않고 살살 피하며 몸을 아끼다. ☐☐☐

㉰ 행동이나 성격 따위가 까다로울 만큼 빈틈이 없고 착실한 ☐☐ 한

㉱ 모르는 사이에 조금씩 조금씩 ☐ 나 ☐ ☐

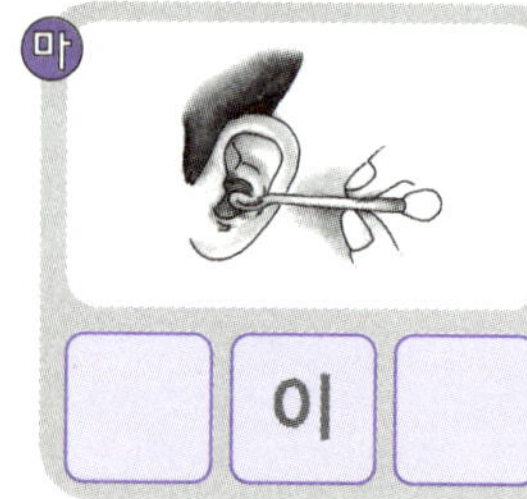

㉲ ☐ 이 ☐

㉳ 등 ☐ ☐

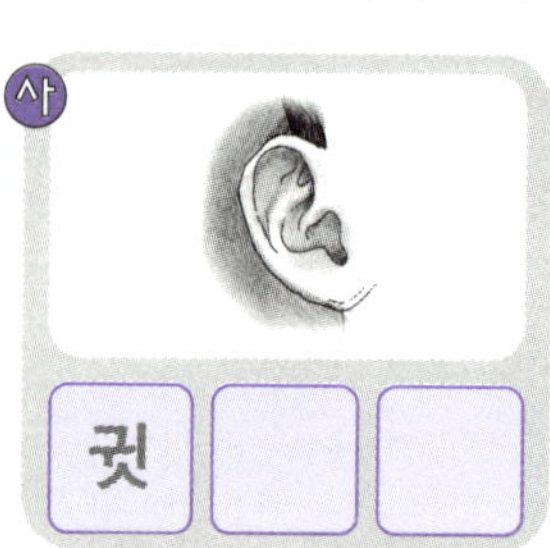

㉴ 귓 ☐

㉵ ☐ ☐ 대 문

비슷한 말 반대말 알기

다음에서 비슷한 뜻끼리 짝지어진 것에는 '='로, 반대의 뜻끼리 짝지어진 것에는 '↔'로 나타내거나, 부호에 알맞게 낱말을 채워 보세요.

문제 개수 6 개

맞은 개수 ◯ 개

틀린 개수 ◯ 개

품값	=	(㉮)
시나브로	(㉯)	갑자기
옭아매다	(㉰)	구속하다

소위	(㉣)	이른바
변소	(㉤)	화장실
깐깐한	(㉥)	허술한

4 큰 말 작은 말 알기

낱말의 포함 관계에 따라 '<' 또는 '>'로 나타내고, 그림의 위치에 알맞게 낱말을 넣어 보세요.

문제 개수 9 개

맞은 개수 ◯ 개

틀린 개수 ◯ 개

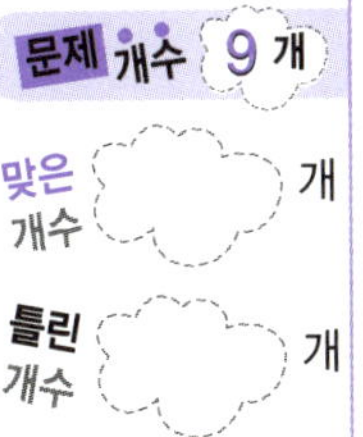

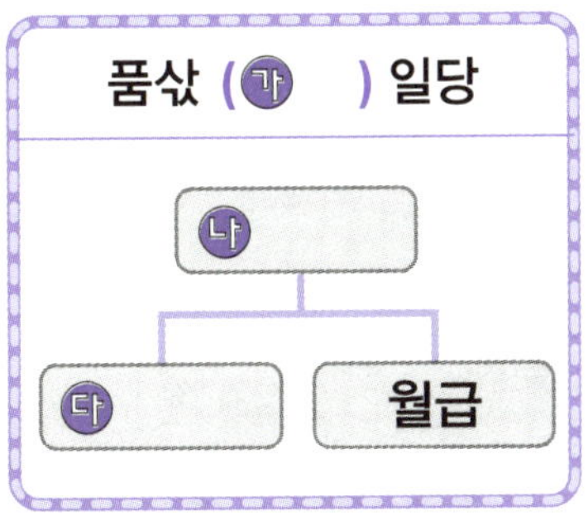

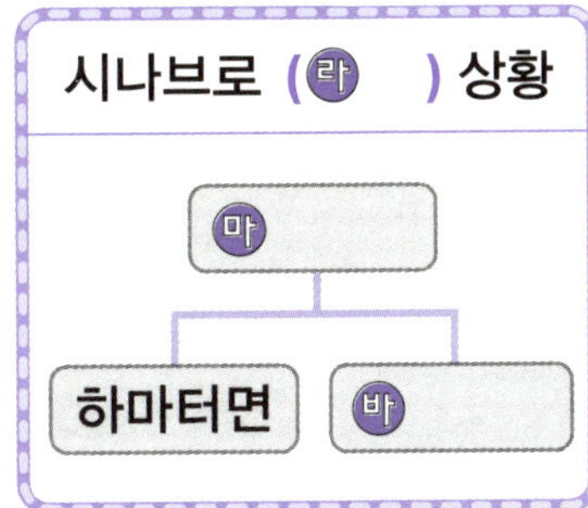

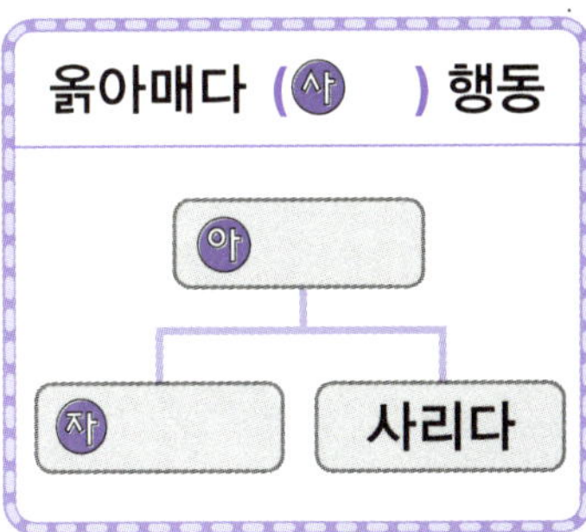

짝을 이루는 말 찾기

짝을 이루는 말을 찾아 동그라미 하고, 그 말의 뜻을 보기 에서 찾아 번호를 쓰세요.

문제 개수 4 개

맞은 개수 ◯ 개

틀린 개수 ◯ 개

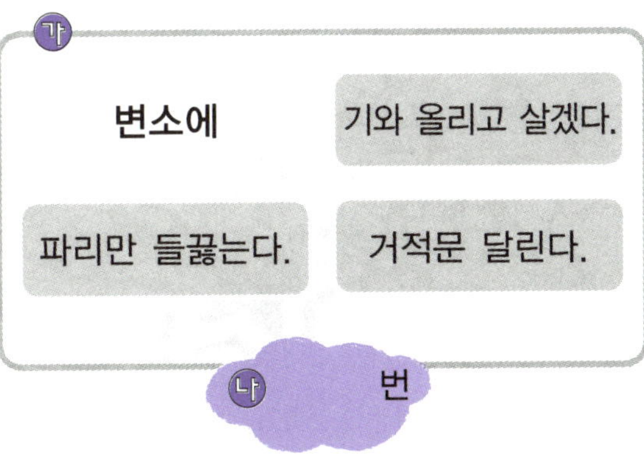

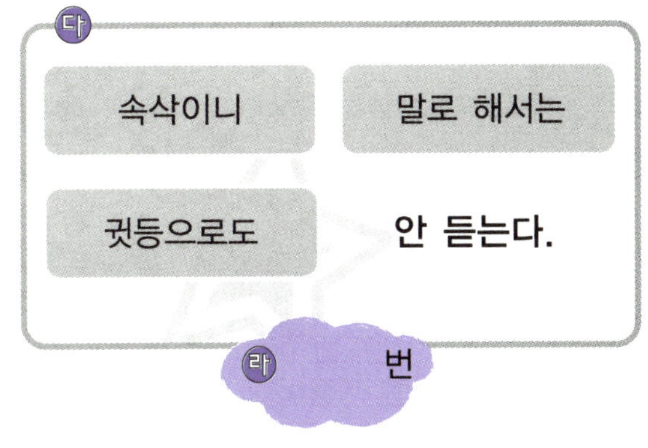

보기

① (비꼬는 말로) 인색하게 굴어도 큰 부자는 못 되다.

② 어떤 말을 마음에 새겨듣지 아니하고 들은 체 만 체 하다.

27

다음 ㉮~㉱의 ( )에 알맞은 낱말을 보기 에서 찾아 번호를 쓰고, ㉲의 질문에 답해 보세요.

문제 개수 5 개

맞은 개수 □ 개

틀린 개수 □ 개

㉮ 무심코 걷다가 ( ) 웅덩이에 빠질 뻔하였다.

㉯ 한글은 세계에서도 그 유례를 찾아볼 수 없는 ( ) 글자이다.

㉰ 돌쇠는 열심히 일하였지만 ( )도 받지 못하고 쫓겨나고 말았다.

㉱ ( ) 날이 어두워지고 있었다.

㉲ '귓등으로도 안 듣는다.'를 넣어 짧은 글을 지어 보세요.

→ _______________________________________

보기   ① 독창적인 ② 사리고 ③ 깐깐한 ④ 시나브로 ⑤ 품삯 ⑥ 옭아매다 ⑦ 하마터면

총 문제 개수 32 개 │ 총 맞은 개수 ○ 개 │ 총 틀린 개수 ○ 개

상식 쑥쑥 키우는

'나만의 우표'를 붙여서 개성 만점의 편지를 보내요.

우리나라의 우정사업본부에서는 온라인 우표를 계획 중이라고 합니다. 이 우표는 인터넷 우체국(www.epost.go.kr)에서만 판매할 예정이랍니다. 인터넷우체국에서 우표 모양을 클릭하고 프린터를 한 후, 편지봉투에 붙이면 그만이랍니다.

온라인 우표는 일반 우체국에서 파는 우표와 크기도 모양도 모두 똑같답니다. 단지 우표의 그림으로 개인 사진이나 회사 로고 등을 선택할 수 있기 때문에, 세상에 단 하나만 있는 '나만의 우표'를 만들 수 있어요. 혹시, 위조 우표가 등장하면 어떻게 하냐고요? 걱정하지 마세요. 온라인 우표를 프린터 할 때에 바코드가 함께 찍히기 때문에 위조가 불가능하다고 하네요.

이메일이 등장하기 전에는 편지로 사랑과 우정을 전했습니다. 과연 온라인 우표의 등장으로 손 편지가 옛날의 영광을 되찾을 수 있을지 궁금합니다.

머리 풀어 주는 퍼즐

도전 시간	걸린 시간
00 분 15 초	분 초

창의사고력 기초 다지기 계산능력 쑥~

보기와 같은 답이 나오는 식에 동그라미 해 보세요. 모두 몇 개일까요?

보기

$$17 - 9$$

$$11 - 5 \qquad 12 - 4 \qquad 19 - 10$$

$$13 + 3 \qquad\qquad 17 - 9$$

$$4 \times 2$$

$$14 - 2 \qquad\qquad 16 \div 2$$

개

도전시간 | 걸린시간

8 분 | 30 초 | 분 | 초

1 가로세로 낱말 찾기

다음 네모에서 알고 있는 낱말을 찾아 동그라미를 해 보세요.

가	금	제	짚	풀	장	승	광	한	루
급	동	치	미	★	기	와	동	누	금
적	몽	촌	토	성	중	생	종	각	강
비	문	낙	화	암	기	활	향	토	역
에	밀	레	종	돌	확	사	학	자	사

내가 찾은 낱말 ◯ 개

2 낱말 뜻 알기

다음 설명이나 그림이 뜻하는 낱말이 무엇인지 빈칸을 채워 보세요.

문제 개수 8 개

맞은 개수 ◯ 개

틀린 개수 ◯ 개

㉮ 역사학을 전문적으로 연구하거나 사학에 밝은 사람 ········ ☐ ☐ 자

㉯ 생물이 생겨나고 자라서 다음 세대를 만들고 죽을 때까지의 과정

········ ☐ ☐ 사

㉰ 지붕을 이는 데에 쓰기 위하여 흙 따위를 구워 만든 건축 자재 ··· ☐ ☐

㉱ 자기가 태어나서 자란 땅 ·········· ☐ ☐

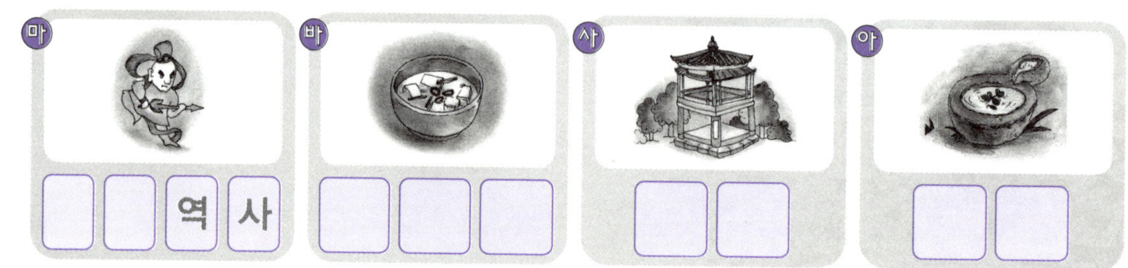

㉲ ☐ ☐ 역 사

㉳ ☐ ☐ ☐

㉴ ☐ ☐

㉵ ☐ ☐

다음에서 비슷한 뜻끼리 짝지어진 것에는 '='로, 반대의 뜻끼리 짝지어진 것에는 '↔'로 나타내거나, 부호에 알맞게 낱말을 채워 보세요.

크레인	=	(가)
에밀레종	(나)	성덕대왕신종
누각	(다)	정자

동종	(라)	구리종
사학자	(마)	사학가
가급적	(바)	되도록

낱말의 포함 관계에 따라 '<' 또는 '>'로 나타내고, 그림의 위치에 알맞게 낱말을 넣어 보세요.

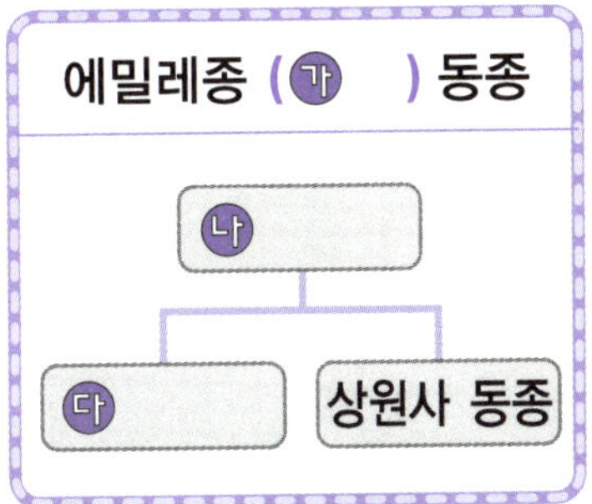

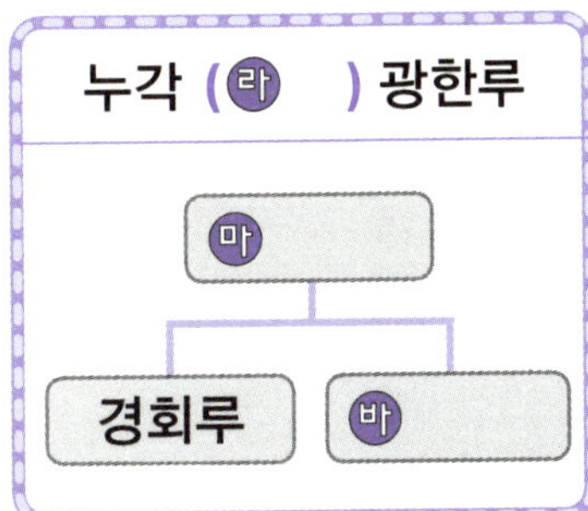

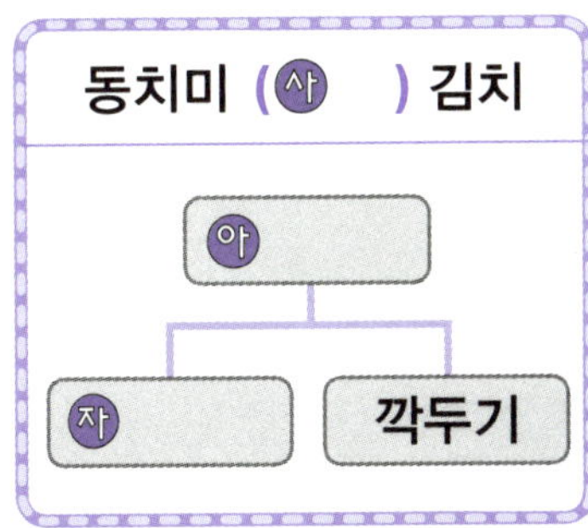

짝을 이루는 말을 찾아 동그라미 하고, 그 말의 뜻을 보기 에서 찾아 번호를 쓰세요.

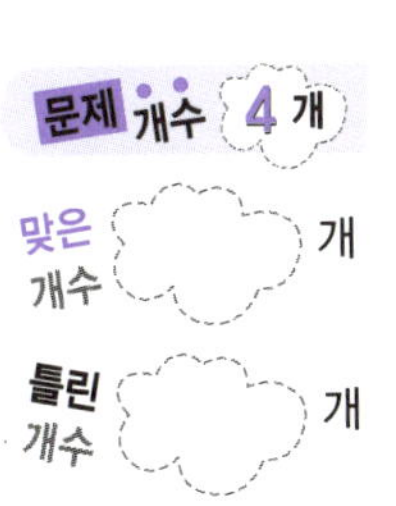

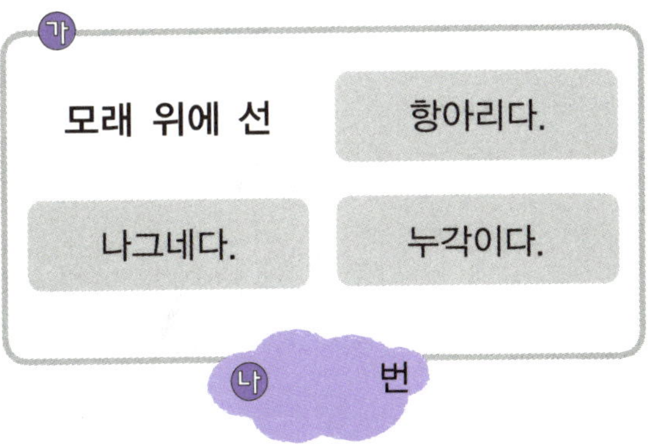

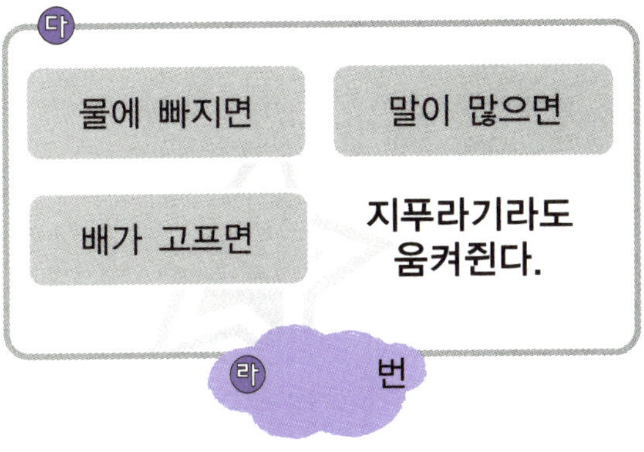

보기

① 물건이나 일의 기초가 튼튼하지 못하여 곧 허물어질 듯하다.

② 위급한 때를 당하면 무엇이나 닥치는 대로 잡고 늘어지게 된다.

다음 **가**~**라** 의 ( )에 알맞은 낱말을 **보기** 에서 찾아 번호를 쓰고, **마** 의 질문에 답해 보세요.

문제 개수 5 개

맞은 개수 ___ 개

틀린 개수 ___ 개

가 에밀레종은 우리나라에서 가장 큰( )이다.

나 정약용은 수원 화성을 보다 쉽게 쌓기 위해 ( )를 사용하였다.

다 ( ) 박물관에 가면 인류가 살아온 모습을 한 눈에 볼 수 있다.

라 무를 주재료로 하여 담그는 ( )는 대표적인 겨울 김치이다.

마 '모래 위에 선 누각이다.'는 어떤 경우에 쓰이는 말인지 써 보세요.

→ ____________________

보기 ① 생활사   ② 향토   ③ 기중기   ④ 동치미   ⑤ 누각   ⑥ 돌확   ⑦ 동종

총 문제 개수 **32** 개 | 총 맞은 개수 ◯ 개 | 총 틀린 개수 ◯ 개

소풍 가는 날, 무거운 내 배낭을 살짝 들어 주는 친구가 있다면 어떨까요?

아마도 그 친구가 무척 고마울 거예요. 고마운 마음에 준비해 간 맛있는 과자를 함께 나누어 먹기도 할 거고요.

소풍 가는 날을 위해 애써 주는 고마운 사람들이 참 많답니다. 아침 일찍 일어나, 정성스레 김밥을 준비해 주는 엄마도, 재미나게 놀 소풍 장소까지 태워다 주는 버스 기사님도, 하루 종일 우리를 돌봐주는 선생님도 고마운 사람들이랍니다.

고맙다고 느꼈을 때에는 그 마음을 전하는 것도 중요합니다. 지금 편지지를 꺼내 고마운 마음을 전해 보세요. 아마도 편지를 받는 사람이 더 고마워할 거예요. 고맙다고 말하는 것은 전혀 쑥스러운 것이 아니랍니다. 자신의 마음을 솔직하게 전하는 것도 연습이랍니다.

머리 풀어 주는 퍼즐

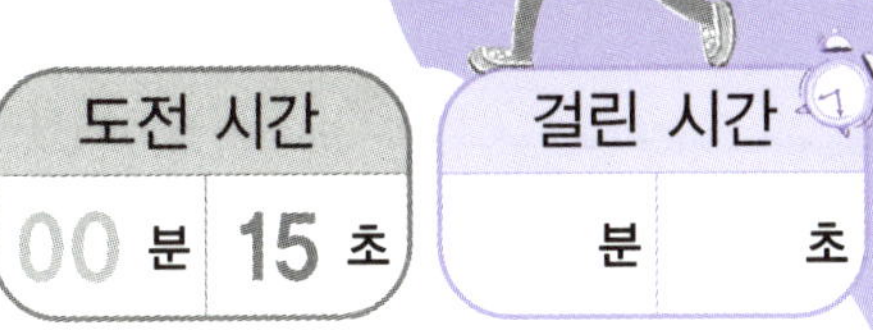

도전 시간	걸린 시간
00 분 15 초	분 초

창의사고력 기초 다지기 주의집중력 쑥~

진이네 가족이 전화기를 사러 갔어요. 그런데 잘못 만들어진 전화기가 있네요. 어떤 전화기일까요?

❶

❷

❸
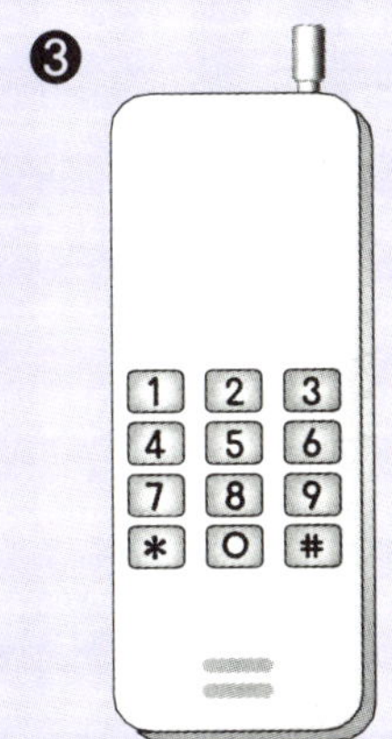

❹

번

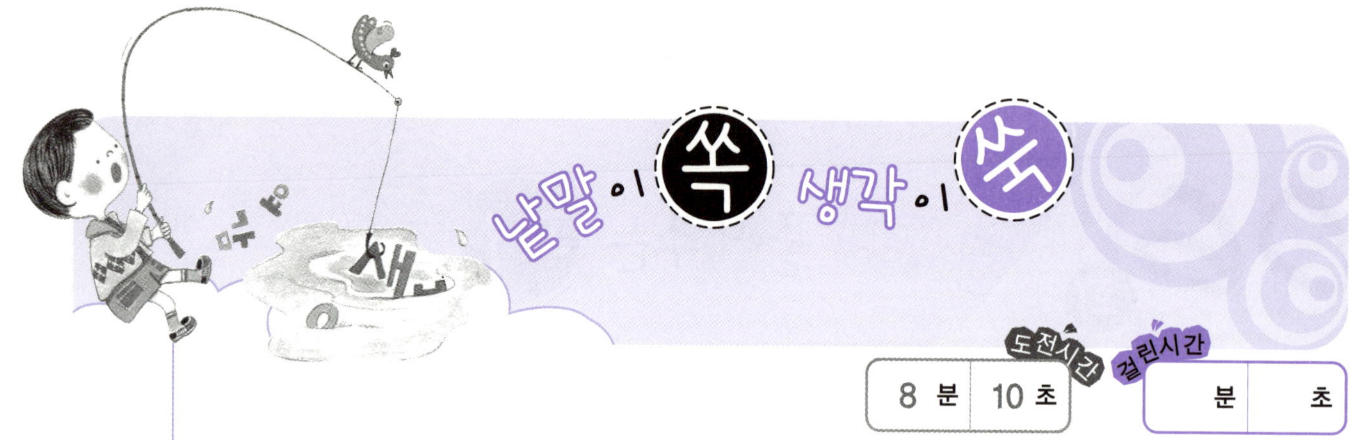

낱말이 쏙 생각이 쑥

도전시간 8 분 10 초 | 걸린시간 분 초

1 가로세로 낱말 찾기

다음 네모에서 알고 있는 낱말을 찾아 동그라미를 해 보세요.

여기서 찾은 낱말로 2~6번 문제를 풀어요!

조	카	촌	수	당	고	모	가	계	도
집	안	부	자	숙	친	★	자	환	갑
양	모	★	고	★	정	성	매	고	희
친	녀	이	종	고	★	묘	문	중	★
가	문	★	증	조	손	선	산	가	친

내가 찾은 낱말 (   ) 개

2 낱말 뜻 알기

다음 설명이나 그림이 뜻하는 낱말이 무엇인지 빈칸을 채워 보세요.

문제 개수 8 개

맞은 개수 (   ) 개

틀린 개수 (   ) 개

㉮ 친족 사이의 멀고 가까운 정도를 나타내는 수나 그 관계 ········ □□

㉯ 조상의 무덤이 있는 산 ········ □□

㉰ 이종 사촌으로 이모의 자녀 ········ □□

㉱ 성과 본이 같은 가까운 집안 ········ □□

㉲

□□도

㉳

□□

㉴

□□

㉵

□□

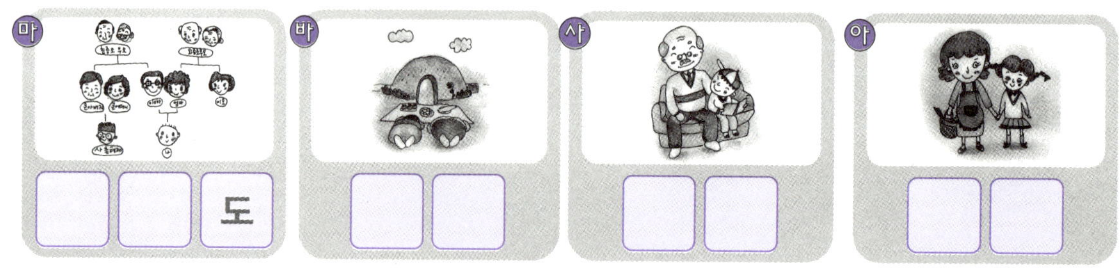

3 비슷한 말 반대말 알기

문제 개수 6 개
맞은 개수 ( ) 개
틀린 개수 ( ) 개

다음에서 비슷한 뜻끼리 짝지어진 것에는 '='로, 반대의 뜻끼리 짝지어진 것에는 '↔'로 나타내거나, 부호에 알맞게 낱말을 채워 보세요.

회갑	=	(㉮)
선산	(㉯)	선영
부자	(㉰)	모녀

당숙	(㉱)	종숙
양친	(㉲)	부모
할아버지	(㉳)	손자

4 큰 말 작은 말 알기

문제 개수 9 개
맞은 개수 ( ) 개
틀린 개수 ( ) 개

낱말의 포함 관계에 따라 '<' 또는 '>'로 나타내고, 그림의 위치에 알맞게 낱말을 넣어 보세요.

사촌 (㉮) 이종
- ㉯
  - ㉰
  - 고종

삼촌 (㉱) 촌수
- ㉲
  - 사촌
  - ㉳

나이 (㉴) 환갑
- ㉵
  - ㉶
  - 고희

5 짝을 이루는 말 찾기

문제 개수 4 개
맞은 개수 ( ) 개
틀린 개수 ( ) 개

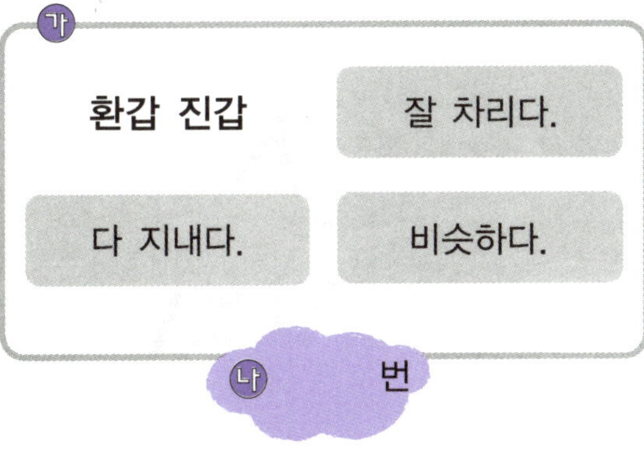

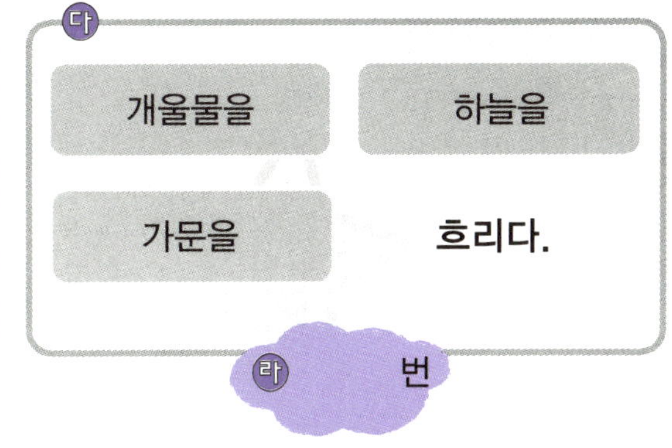

짝을 이루는 말을 찾아 동그라미 하고, 그 말의 뜻을 보기 에서 찾아 번호를 쓰세요.

㉮

환갑 진갑	잘 차리다.
다 지내다.	비슷하다.

㉯ 번

㉰

개울물을	하늘을
가문을	흐리다.

㉱ 번

보기
① 집안이나 문중의 명예를 더럽히다.
② 세상을 살 만큼 살다.

다음 ㉮~㉰ 의 ( )에 알맞은 낱말을 보기 에서 찾아 번호를 쓰고, ㉱ 의 질문에 답해 보세요.

문제 개수 5 개

맞은 개수 ___ 개

틀린 개수 ___ 개

㉮ 가족끼리도 ( )가 있어, 아빠와 나는 일촌이고 누나랑은 이촌이다.

㉯ 과거 시험에서 장원 급제를 한 이도령은 ( )의 이름을 드높여 큰 칭찬을 받았다.

㉰ 설날 차례를 마치고 선산으로 ( )를 다녀왔다.

㉱ 아빠와 오빠, 엄마와 내가 편을 이뤄 부자 대 ( )로 윷놀이를 했다.

㉲ '환갑'을 넣어 짧은 글을 지어 보세요.

→ ____________________________

보기 ① 촌수 ② 선산 ③ 이종 ④ 성묘 ⑤ 환갑 ⑥ 모녀 ⑦ 가문

총 문제 개수 **32** 개 | 총 맞은 개수 ○ 개 | 총 틀린 개수 ○ 개

생각하고 되새기는 '수구초심'의 유래

옛날 중국의 은나라 때에 여상이란 사람이 살았답니다. 그는 공부를 많이 하여 학식이 뛰어났지만, 세상 그 누구도 그의 학식을 알아주지 않았답니다. 그래서 그는 늘 강가에 앉아 낚시를 하며 하루를 보냈답니다.

어느 날, 낚시를 하던 여상은 사냥을 나온 창을 만나게 되었습니다. 창은 여상이 평범한 사람이 아니란 것을 한눈에 알아보고는, 자신과 함께 일하자고 말했습니다. 훗날 주나라의 왕이 되는 창을 도와 주나라를 세운 것으로 유명한 강태공이 바로 여상이랍니다.

강태공이 죽자, 주나라 황실은 왕족으로 대우하고 황실의 장사를 지냈답니다. 이를 두고 사람들을 주나라 황실을 칭찬하며, "근본 은혜를 잊지 않는 것이 진정한 예이니라. 여우가 죽을 때 고향으로 머리를 두는 것처럼 근본을 잊지 말아야 한다."고 말했답니다.

'수구초심'이란 죽을 때가 된 여우는 자기가 살던 언덕을 향해 머리를 둔다는 뜻으로, '근본을 잊지 않는 마음' 또는 '고향을 그리워하는 마음'을 의미한답니다.

07회

머리 풀어 주는 퍼즐

도전 시간	걸린 시간
00 분 20 초	분 초

창의사고력 기초 다지기　연상추리력　쓱~

여러 가지 무늬의 구슬을 꿰어서 구슬 목걸이를 만들려고 해요. 일정한 규칙에 따라 구슬을 꿰어 넣는다면, 마지막 구슬은 무슨 무늬일까요?

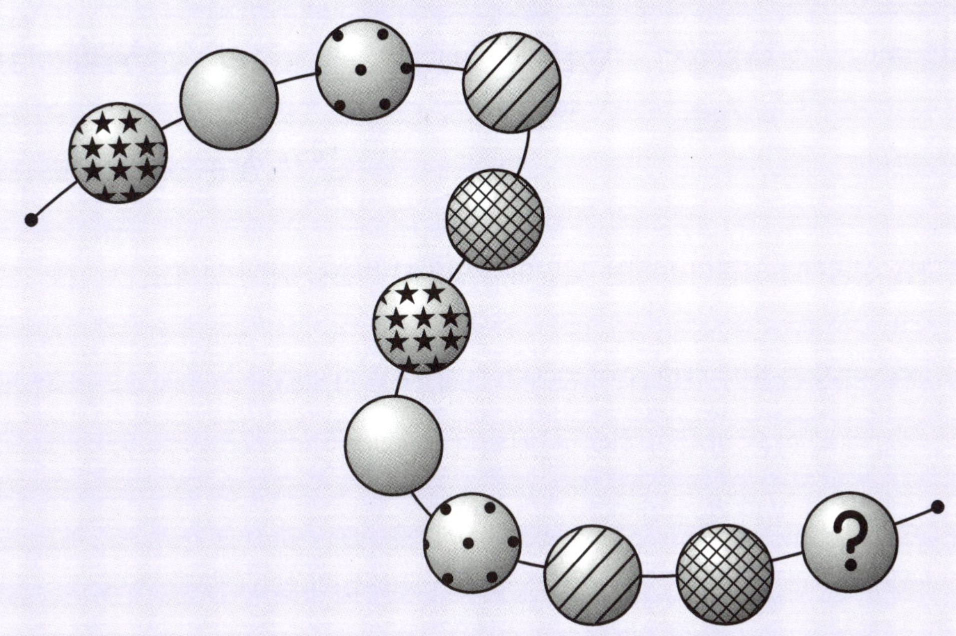

무늬

도전시간 8 분 00 초 걸린시간 분 초

1 가로세로 낱말 찾기

다음 네모에서 알고 있는 낱말을 찾아 동그라미를 해 보세요.

여기서 찾은 낱말로 2~6번 문제를 풀어요!

수	런	거	리	다	씨	알	알	이	들
단	뒤	울	안	팔	각	소	반	밥	창
짝	여	와	보	시	기	모	진	상	문
종	린	락	다	락	소	복	한	머	패
례	비	겁	한	씨	근	덕	거	리	다

내가 찾은 낱말 ◯ 개

2 낱말 뜻 알기

다음 설명이나 그림이 뜻하는 낱말이 무엇인지 빈칸을 채워 보세요.

문제 개수 8 개
맞은 개수 ◯ 개
틀린 개수 ◯ 개

가 여러 사람이 한데 모여 수선스럽게 자꾸 지껄이다. 　　　 거 리 다

나 차려 놓은 밥상의 한쪽 언저리나 그 가까이 ……… 밥 　　　

다 집 뒤 울타리의 안 ……………………………… 　　　

라 숨소리가 매우 거칠고 가쁘게 자꾸 나다. 또는 그렇게 하다.

　　　　　 거 리 다

마 보 　　

바 　 창 　

사 　 소 반

아 　 　

3 비슷한 말 반대말 알기

다음에서 비슷한 뜻끼리 짝지어진 것에는 '='로, 반대의 뜻끼리 짝지어진 것에는 '↔'로 나타내거나, 부호에 알맞게 낱말을 채워 보세요.

문제 개수 6 개

맞은 개수 ◯ 개
틀린 개수 ◯ 개

수런대다	=	(가)
조회	(나)	종례
비겁한	(다)	당당한

뒤울안	(라)	뒤란
들창문	(마)	들창
여린	(바)	강한

4 큰 말 작은 말 알기

낱말의 포함 관계에 따라 '<' 또는 '>'로 나타내고, 그림의 위치에 알맞게 낱말을 넣어 보세요.

문제 개수 9 개

맞은 개수 ◯ 개
틀린 개수 ◯ 개

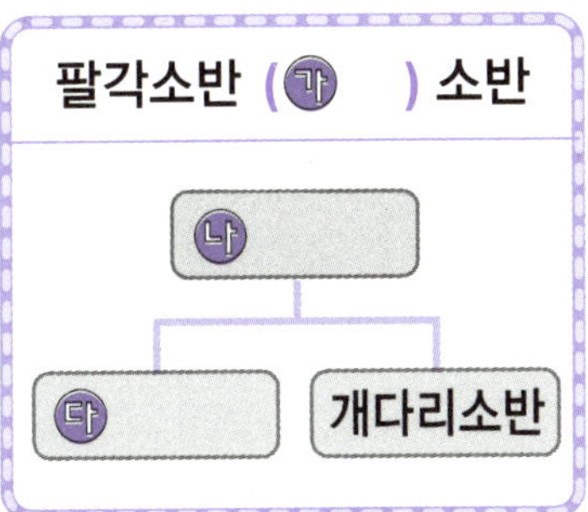

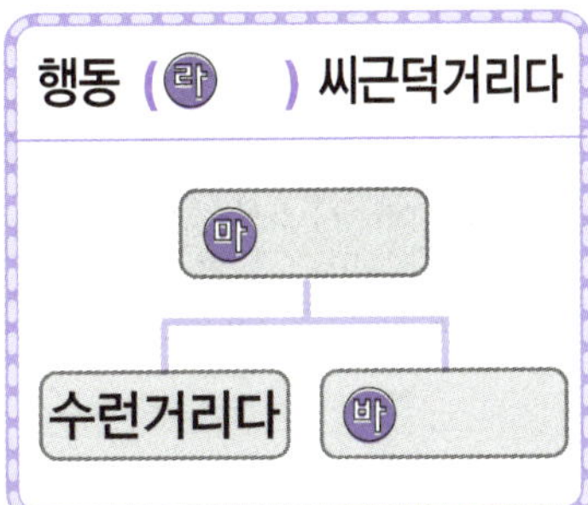

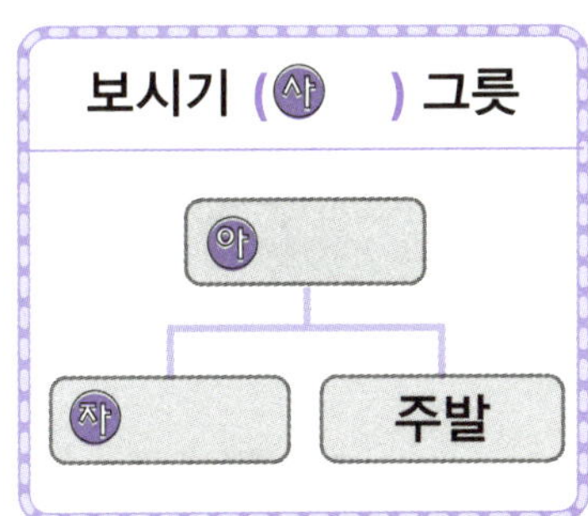

5 짝을 이루는 말 찾기

짝을 이루는 말을 찾아 동그라미 하고, 그 말의 뜻을 보기 에서 찾아 번호를 쓰세요.

문제 개수 4 개

맞은 개수 ◯ 개
틀린 개수 ◯ 개

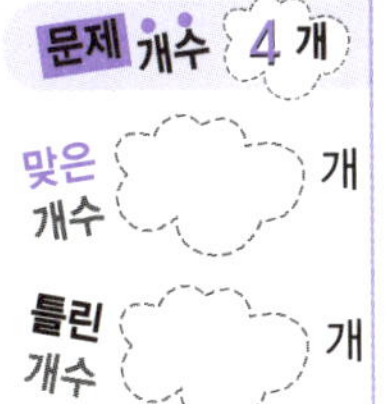

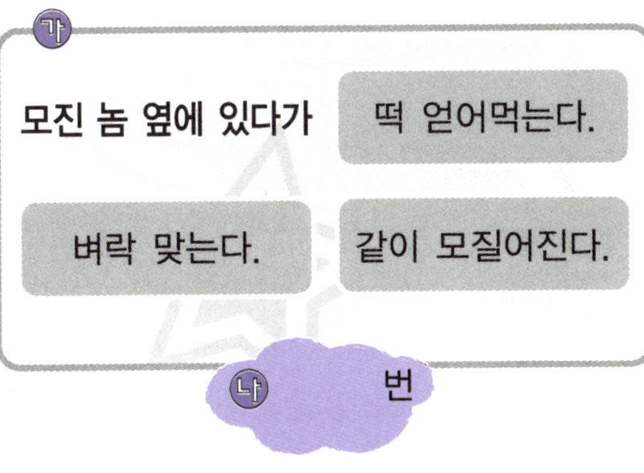

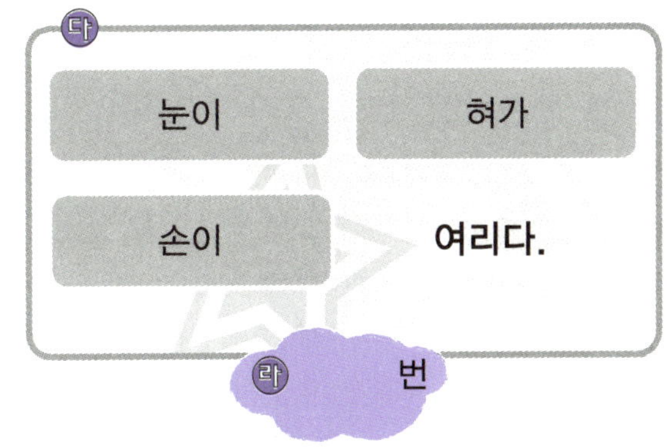

보기

① (비유적으로) 악한 사람을 가까이하면 반드시 그 화를 입게 된다.
② 감정이 모질지 못하여 눈물을 잘 보이다.

6

다음 ㉮~㉣ 의 ( )에 알맞은 낱말을 보기 에서 찾아 번호를 쓰고, ㉤ 의 질문에 답해 보세요.

㉮ 임 선생님의 입원 소식에 (   ) 아이들의 소리가 교실에 가득 찼다.

㉯ 지금쯤 고향 집의 (   )에는 감나무의 감들이 노랗게 익어 갈 것이다.

㉰ 싸움을 했는지 경호와 영민이가 서로를 노려보며 (   ) 있다.

㉱ 잘못을 했다면 솔직히 인정을 해야지 변명을 하는 건 (   ) 행동이야!

㉲ '눈이 여리다.'는 어떤 경우에 쓰는 말인지 써 보세요.

→ ____

보기
① 수런거리는   ② 밥상머리   ③ 뒤울안   ④ 씨근덕거리고   ⑤ 들창문
⑥ 보시기   ⑦ 비겁한

총 문제 개수 (32) 개   총 맞은 개수 (   ) 개   총 틀린 개수 (   ) 개

텔레비전 계획표를 짜 보세요.

텔레비전 시청 시간이 길수록 공부 성적은 낮고, 텔레비전 시청 시간이 짧을수록 공부 성적이 높답니다. 하지만 텔레비전을 전혀 보지 않을 수는 없으므로, 시청 시간 계획을 세우세요.

우선, 텔레비전 시청 시간과 보고 싶은 프로그램을 정해 보세요. 하루에 시청 시간을 한두 시간으로 정한 뒤, 보고 싶은 프로그램을 고르는 거예요. 공부 시간에 맞게 프로그램을 조정할 수도 있고, 반대로 프로그램에 맞게 공부 시간을 조정할 수도 있답니다.

계획한 텔레비전 프로그램을 본 뒤에는, 미련 없이 끄세요. 그리고 식구들과 함께 재미있었던 점, 새로 알게 된 점 또는 이상했던 점 등에 대해 이야기를 나누어 보세요. 공부 습관도 좋아지고, 가족 간의 대화도 늘어난답니다.

08회

도전 시간	걸린 시간
00 분 15 초	분 초

창의사고력 기초 다지기 판단능력 쑥~

다음은 여러 가지 도형을 겹쳐 놓은 것입니다. 이 속에서 찾을 수 있는 삼각형은 모두 몇 개인가요?

개

도전시간 8 분 20 초
걸린시간 분 초

1 가로세로 낱말 찾기

다음 네모에서 알고 있는 낱말을 찾아 동그라미를 해 보세요.

보	살	★	다	방	면	포	석	정	녕
소	제	구	성	원	승	급	쇠	양	반
리	례	팔	서	민	화	목	하	다	첨
꾼	악	달	★	모	듬	살	이	★	성
화	서	문	보	금	자	리	봉	수	대

내가 찾은 낱말 개

2 낱말 뜻 알기

다음 설명이나 그림이 뜻하는 낱말이 무엇인지 빈칸을 채워 보세요.

문제 개수 8 개

맞은 개수 개

틀린 개수 개

가 불교에서 부처 버금가는 분이나 학문과 덕이 높은 스님 또는 여자 신자 ·············

나 여러 방면 ···············

다 사회생활의 다듬은 말 ··············· 살 이

라 봉급이나 급료 따위가 오름. ···············

마 (빈칸)

바 (빈칸)

사 (빈칸)

아 꾼

다음에서 비슷한 뜻끼리 짝지어진 것에는 '='로, 반대의 뜻끼리 짝지어진 것에는 '↔'로 나타내거나, 부호에 알맞게 낱말을 채워 보세요.

한 분야	↔	(가)
정녕	(나)	정말로
양반	(다)	천민

구성원	(라)	회원
서민	(마)	서인
승급	(바)	승격

낱말의 포함 관계에 따라 '<' 또는 '>'로 나타내고, 그림의 위치에 알맞게 낱말을 넣어 보세요.

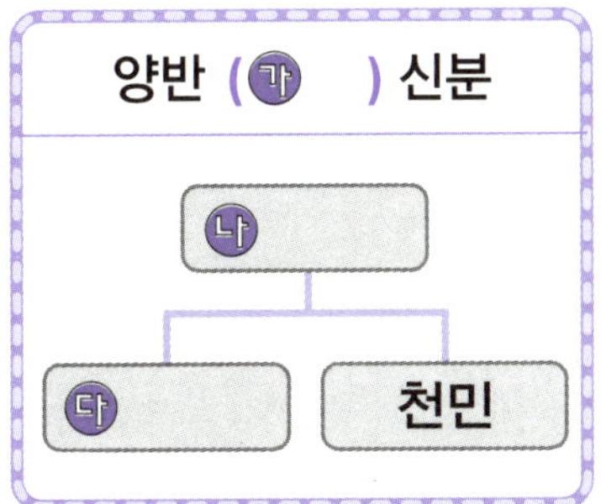

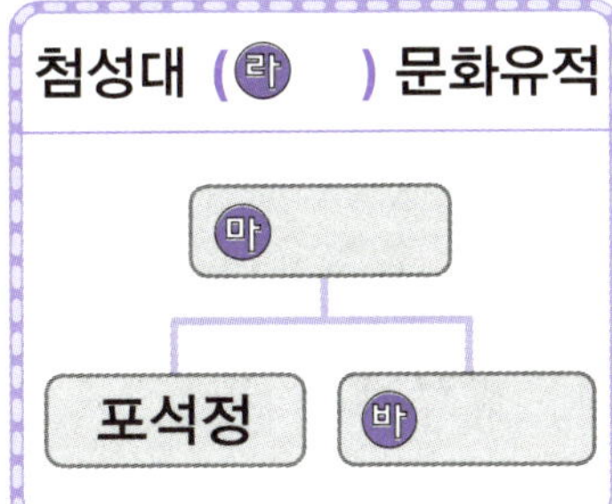

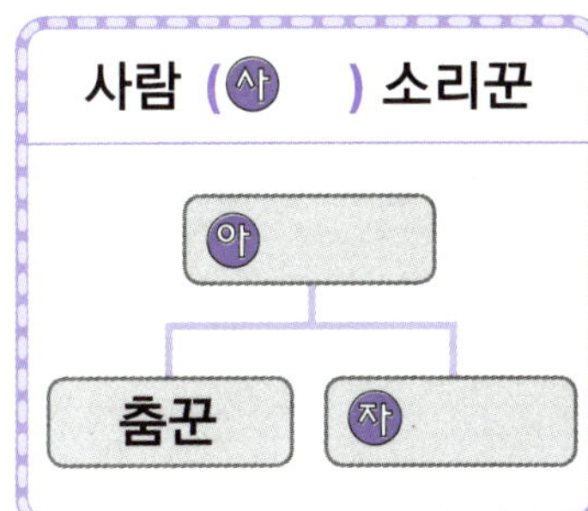

짝을 이루는 말을 찾아 동그라미 하고, 그 말의 뜻을 보기 에서 찾아 번호를 쓰세요.

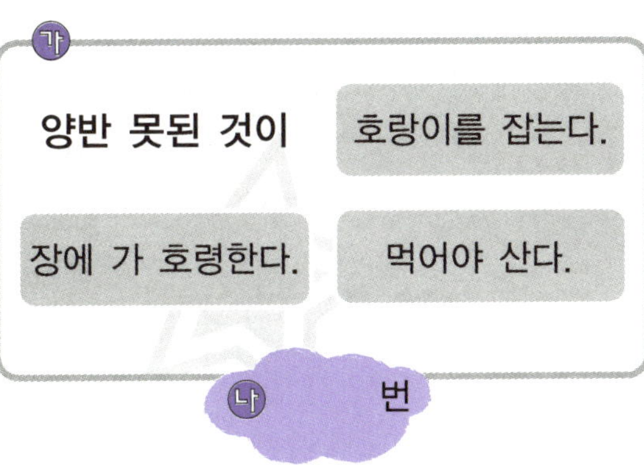

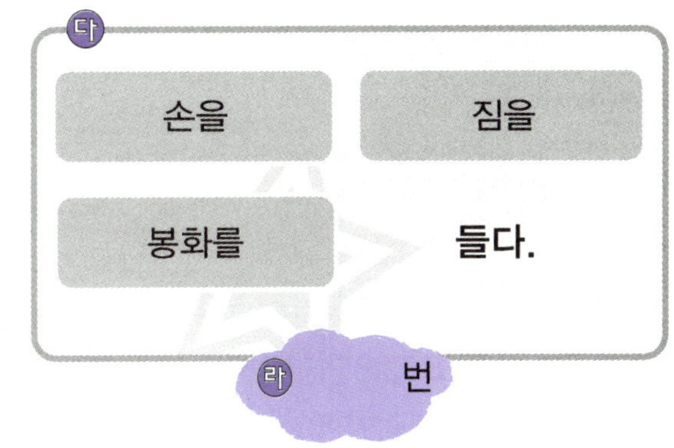

보기 ① 가야 할 장소에 가 있지 못하고 엉뚱한 곳에 가서 활개를 치며 잘난 체하다.
② 어떤 일이나 운동을 맨 앞에서 선구적으로 시작하다.

다음 ㉮~㉰ 의 ( )에 알맞은 낱말을 보기 에서 찾아 번호를 쓰고, ㉲ 의 질문에 답해 보세요.

㉮ 고수가 북을 치니 ( )은 심청가를 부르기 시작했다.

㉯ 네가 ( ) 스스로의 잘못을 뉘우치지 못한단 말이더냐!

㉰ 사회는 누구 하나의 힘으로 이끌어지는 것이 아니라 ( ) 모두의 노력이 필요하다.

㉱ ( )에 뛰어난 것도 좋지만, 한 가지 일에 최선을 다하는 것도 중요하다.

㉲ '봉화를 들다.'를 넣어 짧은 글을 지어 보세요.

→

보기 ① 다방면 ② 소리꾼 ③ 석쇠 ④ 정녕 ⑤ 양반 ⑥ 구성원 ⑦ 서민

총 문제 개수 32 개 │ 총 맞은 개수 ◯ 개 │ 총 틀린 개수 ◯ 개

햄버거 '빅맥' 하나로 세계의 물가를 비교할 수 있답니다. 맥도날드는 세계 120개국에 매장이 있는데, 어느 곳이든지 똑같은 품질, 크기, 재료로 '빅맥'을 만들어 판매합니다. 이 점을 이용한 것이 '빅맥 지수'랍니다. 크기, 품질, 재료가 똑같은 '빅맥'으로 세계의 물가를 비교하는 것이지요. 1987년부터 영국의 경제 전문지 〈이코노미스트〉가 만들어 발표하고 있습니다.

2009년 발표에 의하면, 빅맥 햄버거가 가장 비싼 곳은 노르웨이입니다. 미국의 빅맥 가격이 3.57달러인데 반해, 노르웨이는 7.88달러나 되니까요. 가장 싼 곳은 말레이시아로 1.70달러랍니다. 우리나라는 3.14달러로 미국에서보다 빅맥을 조금 싸게 먹는답니다.

하지만 임금과 임대료 가격이 나라별로 차이가 커서, 각 나라의 물가를 비교하는 데 적절하지 못하다는 의견이 있답니다. 이런 문제점을 보완하기 위해 등장한 것이 스타벅스 커피의 '카페라테 지수', 삼성 휴대폰의 '애니콜 지수' 등이랍니다. 최근에는 '신라면 지수'까지 등장했어요.

창의사고력 기초 다지기 정보처리능력 쑥~

다음 숫자를 모두 써서 만들 수 있는 가장 큰 수는 무엇일까요?

도전시간 8 분 30 초
걸린시간 분 초

1 가로세로 낱말 찾기

다음 네모에서 알고 있는 낱말을 찾아 동그라미를 해 보세요.

보	채	다	십	장	생	★	진	취	적
따	름	출	입	온	돌	차	근	병	공
리	심	통	태	도	★	지	정	문	정
눈	아	랑	곳	백	과	사	전	안	하
살	한	결	지	적	제	진	지	하	다

내가 찾은 낱말 개

2 낱말 뜻 알기

다음 설명이나 그림이 뜻하는 낱말이 무엇인지 빈칸을 채워 보세요.

문제 개수 8 개

맞은 개수 개

틀린 개수 개

㉮ 아이가 무엇을 요구하며 칭얼거리거나 어떠한 것을 요구하며 성가시게 조르다. ☐☐☐

㉯ 적극적으로 나아가 일을 이룩하는. 또는 그런 것 ☐☐☐

㉰ 마음 쓰는 태도나 행동 따위가 참되고 착실하다. ☐ 하 다

㉱ 일에 나서서 참견하거나 관심을 두는 일 ☐☐ 곳

㉲ ☐☐☐

㉳ ☐ 장 ☐

㉴ ☐☐

㉵ 병 ☐

3 비슷한 말 반대말 알기

다음에서 비슷한 뜻끼리 짝지어진 것에는 '='로, 반대의 뜻끼리 짝지어진 것에는 '↔'로 나타내거나, 부호에 알맞게 낱말을 채워 보세요.

문제 개수 **6** 개

맞은 개수 ___ 개

틀린 개수 ___ 개

문병	=	(가)
심통	(나)	심술
태도	(다)	자세

보따리	(라)	봇짐
공정하다	(마)	차별하다
눈살	(바)	눈총

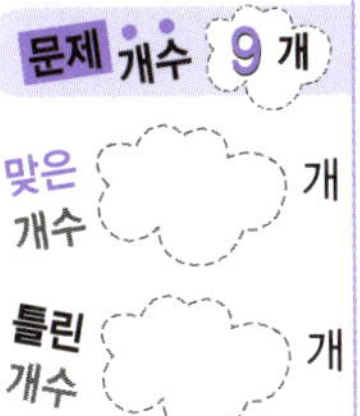

4 큰 말 작은 말 알기

낱말의 포함 관계에 따라 '<' 또는 '>'로 나타내고, 그림의 위치에 알맞게 낱말을 넣어 보세요.

문제 개수 **9** 개

맞은 개수 ___ 개

틀린 개수 ___ 개

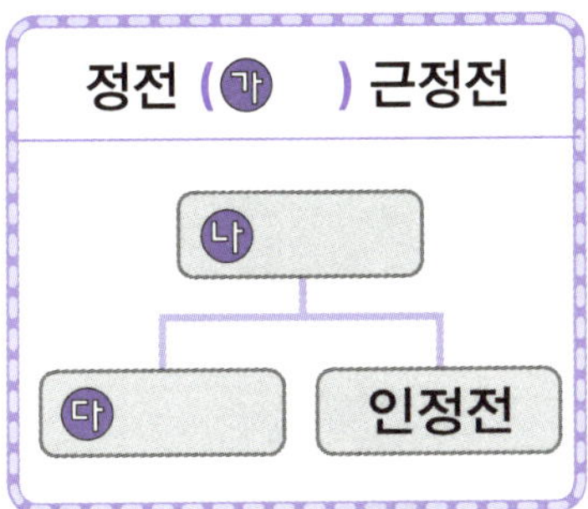

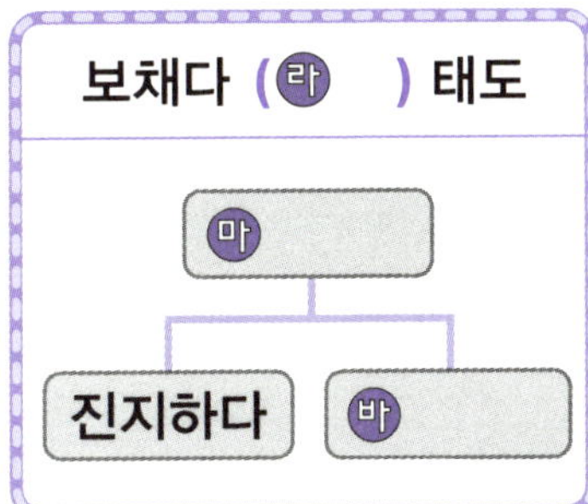

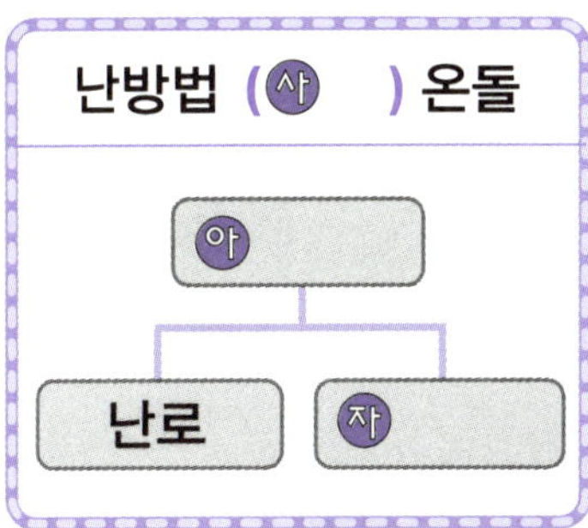

5 짝을 이루는 말 찾기

짝을 이루는 말을 찾아 동그라미 하고, 그 말의 뜻을 보기 에서 찾아 번호를 쓰세요.

문제 개수 **4** 개

맞은 개수 ___ 개

틀린 개수 ___ 개

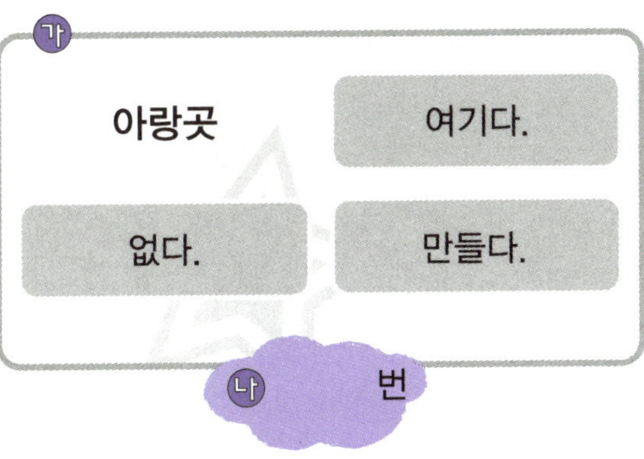

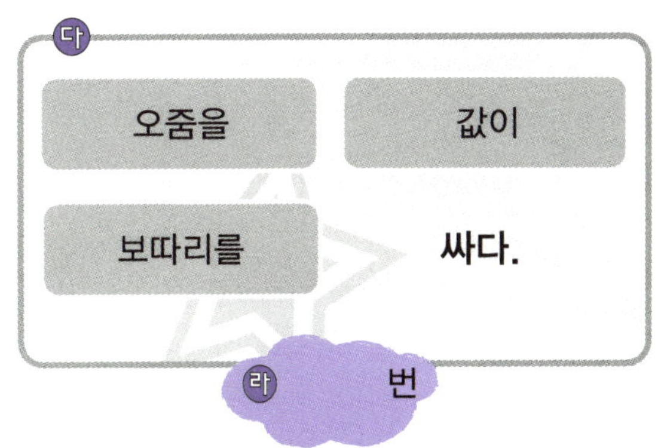

보기
① 관계하던 일이나 다니던 직장을 완전히 그만두다.
② 관심 있게 생각하다.

6 낱말 활용하기

다음 ㉮~㉰ 의 ( )에 알맞은 낱말을 보기 에서 찾아 번호를 쓰고, ㉱ 의 질문에 답해 보세요.

문제 개수 5 개

맞은 개수 ☁ 개

틀린 개수 ☁ 개

㉮ 길호야, 어른이 말씀하실 때는 ( ) 자세로 귀를 기울여야지!

㉯ 지하철에서 큰 소리로 통화하는 언니를 보고 모두들 ( )을 찌푸렸다.

㉰ 경기에서 심판을 볼 때는 자기 이익과 상관없이 ( ) 판단을 내려야 한다.

㉱ 무엇이 마음에 안 드는지 아기는 계속 ( ).

㉲ '아랑곳'을 넣어 짧은 글을 지어 보세요.

→ ____

보기 ① 보챘다 ② 진취적 ③ 진지한 ④ 공정한 ⑤ 눈살 ⑥ 아랑곳 ⑦ 십장생

총 문제 개수 32 개 | 총 맞은 개수 ◯ 개 | 총 틀린 개수 ◯ 개

누가 처음으로 전화기를 만들었을까요? 모두들 그레이엄 벨이라고 알고 있을 거예요. 하지만 벨보다도 훨씬 전에 전화를 만든 사람이 있답니다. 아무도 기억해 주지 않는 그의 이름은 안토니오 메우치랍니다.

메우치가 전화기를 만든 이유는 아픈 아내 때문이었어요. 멀리 떨어져 있을 때에도 아내가 잘 지내는지 알기 위해 전화기를 만든 거랍니다. 메우치는 특허를 내고 싶었지만, 250달러가 없어서 특허를 받지 못했어요. 당시 벨은 메우치의 실험실에서 전화기를 처음 보고 그로부터 몇 년 뒤, 전화기 특허를 낸 거예요.

우리가 아는 역사는 최초의 전화기 발명가로 메우치 대신 벨을 기억하고 있지만, 진실은 반드시 밝혀진답니다. 아주 오랜 세월이 지난 뒤에라도 말이에요. 진실을 이기는 거짓은 없답니다.

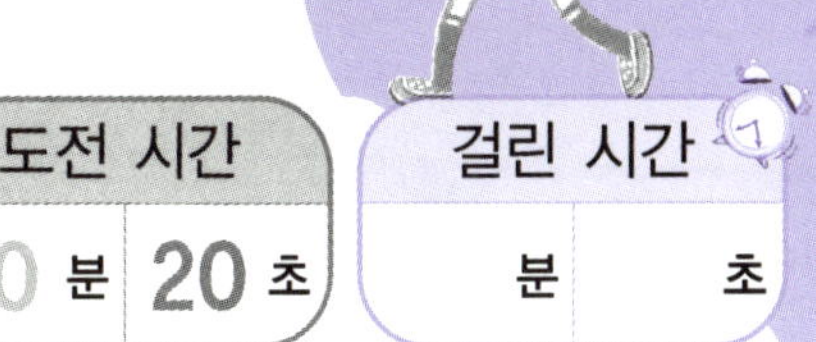

도전 시간	걸린 시간
00 분 20 초	분 초

창의사고력 기초 다지기 계산능력 쑥~

빈칸에 덧셈, 뺄셈 기호 중 하나를 넣어서 양쪽이 같은 값이 되게 하세요.

문제 1

$$5 \bigcirc 3 \bigcirc 1 = 7$$

문제 2

$$12 \bigcirc 3 = 5 \bigcirc 4$$

문제 3

$$7 + 10 \bigcirc 2 = 11 \bigcirc 8 \bigcirc 4$$

낱말이 쏙 생각이 쑥

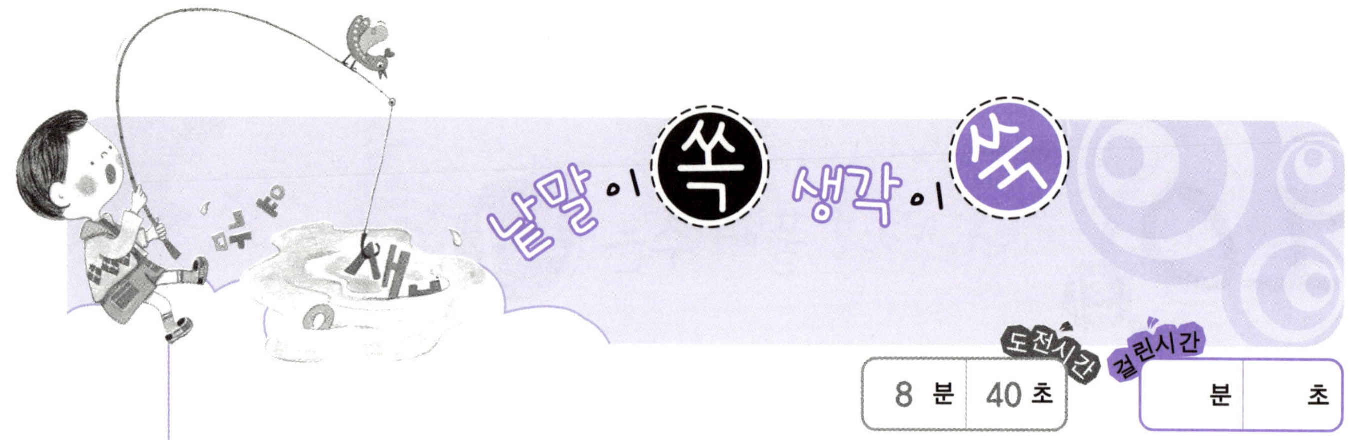

도전시간 8 분 40 초 | 걸린시간 분 초

1 가로세로 낱말 찾기

다음 네모에서 알고 있는 낱말을 찾아 동그라미를 해 보세요.

여기서 찾은 낱말로 2~6번 문제를 풀어요!

또	랑	또	랑	채	비	결	종	교	적
두	바	깥	★	반	극	대	화	오	지
렷	풍	웅	덩	이	꽁	지	깃	락	탱
두	작	담	치	돌	부	리	대	성	하
렷	뻐	드	렁	니	울	렁	거	리	다

내가 찾은 낱말 ( ) 개

2 낱말 뜻 알기

다음 설명이나 그림이 뜻하는 낱말이 무엇인지 빈칸을 채워 보세요.

문제 개수 8 개

맞은 개수 ( ) 개

틀린 개수 ( ) 개

㉮ 여럿이 다 엉클어지거나 흐리지 아니하고 아주 분명한 모양 ········ □ 렷 □ 렷

㉯ 오래 버티거나 배겨 내다. ········ □ □ 하 다

㉰ 쉬는 시간에 여러 가지로 즐길 수 있는 성질 ········ □ □ 성

㉱ 어떤 일을 하기 위하여 필요한 물건, 자세 따위를 미리 갖추어 차림 · □ □

㉲

□ □

㉳

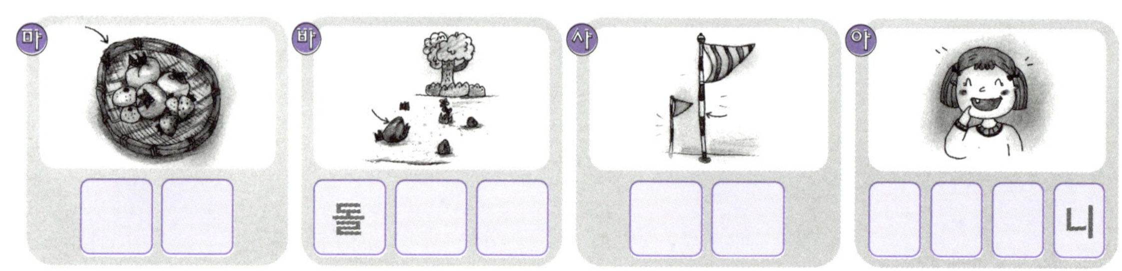

돌 □ □

㉴

□ □

㉵

□ □ □ 니

다음에서 비슷한 뜻끼리 짝지어진 것에는 '='로, 반대의 뜻끼리 짝지어진 것에는 '↔'로 나타내거나, 부호에 알맞게 낱말을 채워 보세요.

준비	=	(가)
풍작	(나)	흉작
덩치	(다)	몸집

안	(라)	바깥
극대화	(마)	극소화
웅담	(바)	곰쓸개

낱말의 포함 관계에 따라 '<' 또는 '>'로 나타내고, 그림의 위치에 알맞게 낱말을 넣어 보세요.

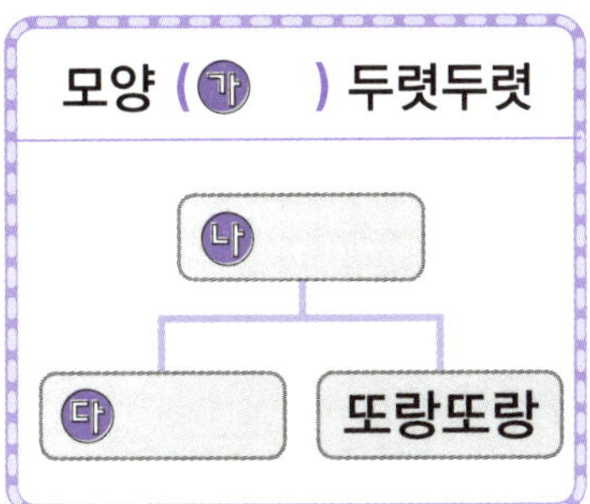

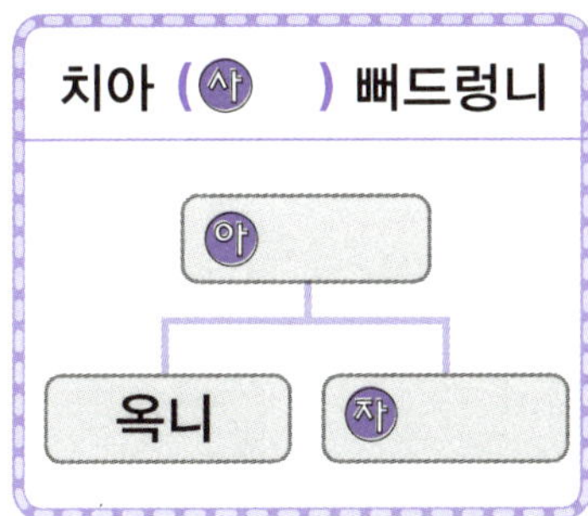

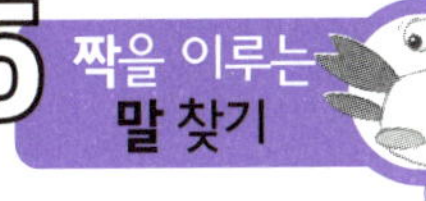

짝을 이루는 말을 찾아 동그라미 하고, 그 말의 뜻을 보기 에서 찾아 번호를 쓰세요.

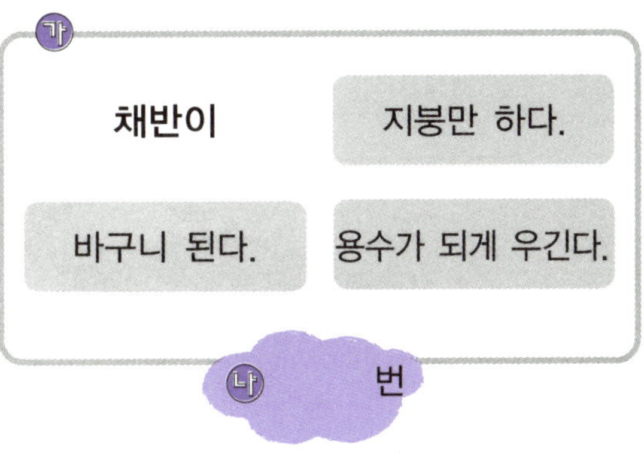

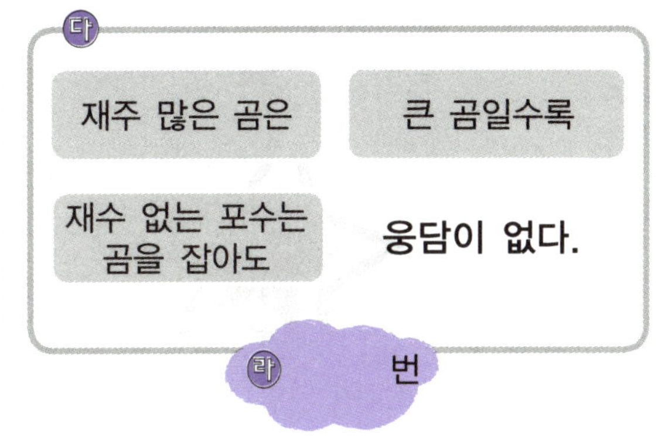

보기

① 일이 안되려면 하는 모든 일이 잘 안 풀리고 뜻밖의 큰 불행도 생긴다.
② (비꼬아 이르는 말로) 사리에 맞지 아니하는 의견을 끝까지 주장하다.

다음 ㉠~㉣ 의 ( )에 알맞은 낱말을 보기 에서 찾아 번호를 쓰고, ㉤ 의 질문에 답해 보세요.

㉮ 액션 영화는(   )은 뛰어난 반면에 감동이 적은 것이 흠이다.

㉯ 곱게 옷을 입고 양산을 챙기는 것으로 할머니는 외출할(   )를 마쳤다.

㉰ 치료 효과를(   )하기 위해 의사는 주사와 약을 동시에 처방하였다.

㉱ (   )는 산처럼 커다라면서 무슨 겁이 그렇게 많아?

㉲ '풍작'을 넣어 짧은 글을 지어 보세요.

→

보기   ① 두렷두렷   ② 오락성   ③ 채비   ④ 풍작   ⑤ 극대화   ⑥ 덩치   ⑦ 바깥

총 문제 개수 (32) 개   총 맞은 개수 (   ) 개   총 틀린 개수 (   ) 개

옛날 중국에 변장자라는 사람이 있었답니다. 그는 힘이 무척이나 센 장사였어요. 그가 어느 마을에 머물고 있는데, 호랑이 두 마리가 나타났답니다. 그는 힘자랑도 할 겸, 호랑이를 잡으러 나섰답니다. 이때, 한 사람이 변장자를 잡으며 말했답니다.

"지금 나서지 마세요. 호랑이 두 마리가 먹이를 두고 다툴 것이 뻔하니, 힘이 다 빠지고 나면 그때 잡으면 된답니다."

이 말을 들은 변장자는 호랑이 두 마리가 서로 먹이다툼을 벌이기를 기다렸습니다. 이윽고 싸움 끝에 호랑이 한 마리가 죽고 한 마리는 힘이 빠져 헐떡거렸습니다. 그 틈을 타서, 변장자는 호랑이 두 마리를 쉽게 잡았답니다.

'일거양득(一擧兩得)'은 한 가지 일로 두 가지 이익을 얻는다는 뜻으로, 우리나라 속담에도 '꿩 먹고 알 먹고', '도랑 치고 가재 잡고'가 있답니다.

11회 머리 풀어 주는 퍼즐

도전 시간		걸린 시간	
00 분	15 초	분	초

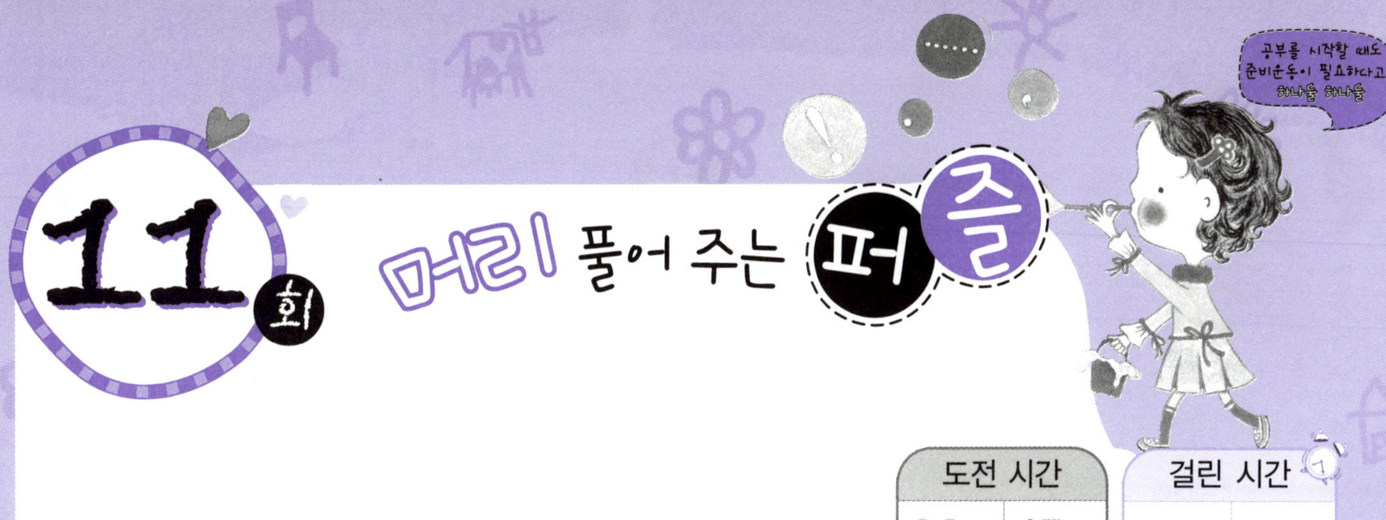

창의사고력 기초 다지기 주의집중력 쑥~

보기와 같은 모양을 찾아 동그라미 해 보세요. 모두 몇 개인가요?

보기

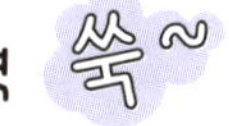

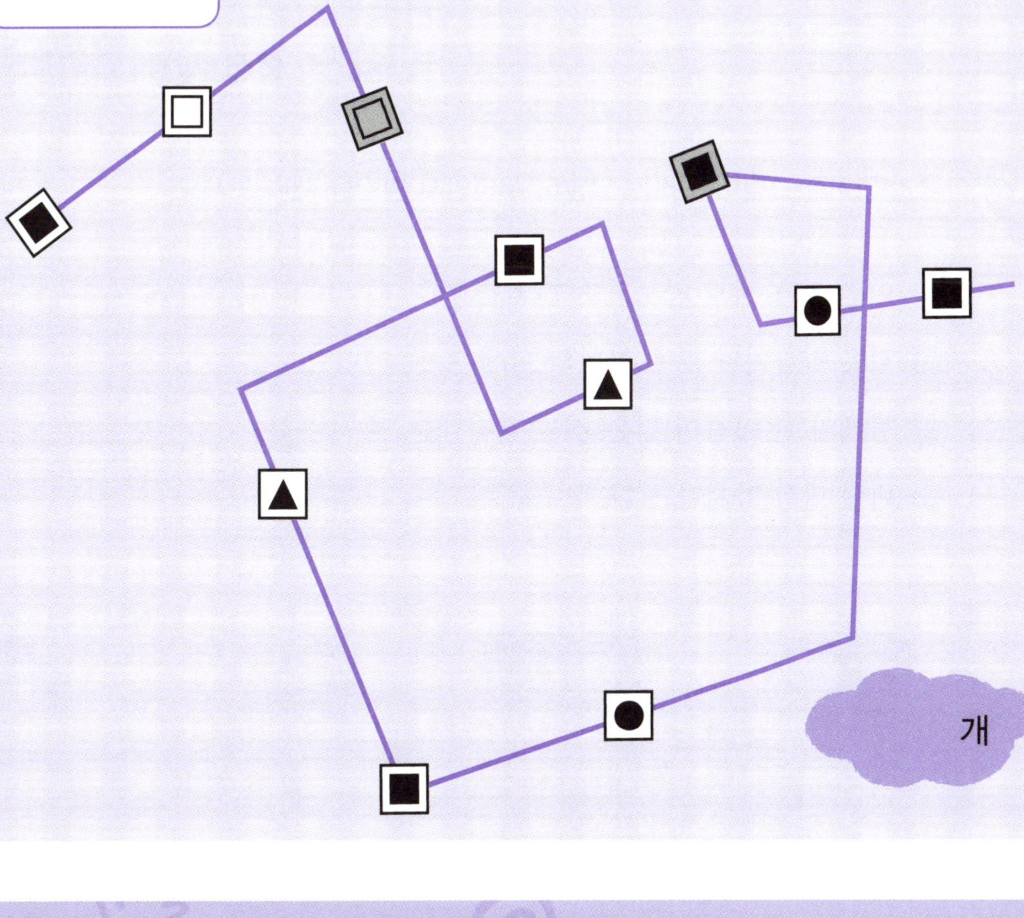

개

1 가로세로 낱말 찾기

다음 네모에서 알고 있는 낱말을 찾아 동그라미를 해 보세요.

구	실	양	로	원	주	민	둥	산	흔
조	타	협	동	급	생	간	창	조	적
대	래	기	아	쉬	움	신	이	로	움
아	름	드	리	★	원	앙	랑	★	막
놋	다	리	밟	기	바	람	직	하	다

내가 찾은 낱말 　　　 개

2 낱말 뜻 알기

다음 설명이나 그림이 뜻하는 낱말이 무엇인지 빈칸을 채워 보세요.

문제 개수 8 개

맞은 개수 　 개

틀린 개수 　 개

가 어떤 일을 서로 양보하여 협의함. .... □ □

나 같은 학급이나 같은 학년의 학생 .... □ □ □

다 둘레가 한 아름이 넘는 것을 나타내는 말 .... 아 름 □ □

라 바랄 만한 가치가 있다. .... □ □ □ □

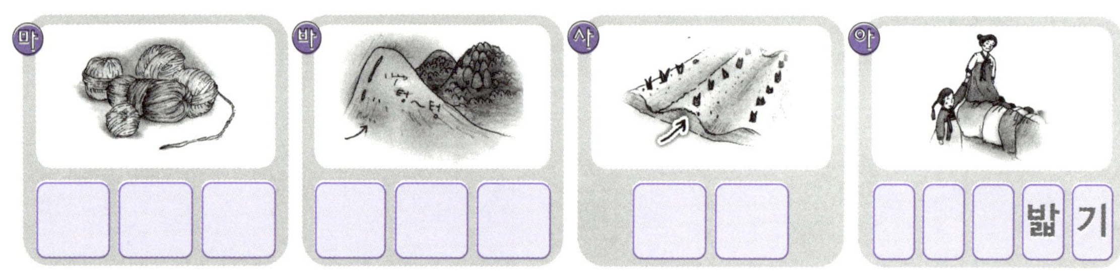

마 □ □ □

바 □ □ □

사 □ □ □

아 □ □ 밟 기

3. 비슷한 말 반대말 알기

다음에서 비슷한 뜻끼리 짝지어진 것에는 '='로, 반대의 뜻끼리 짝지어진 것에는 '↔'로 나타내거나, 부호에 알맞게 낱말을 채워 보세요.

해로움	↔	(가)
흔적	(나)	자취
원주민	(다)	이주민

타협	(라)	협상
기아	(마)	굶주림
아쉬움	(바)	만족감

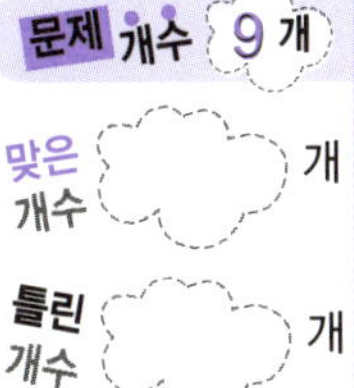

4. 큰 말 작은 말 알기

낱말의 포함 관계에 따라 '<' 또는 '>'로 나타내고, 그림의 위치에 알맞게 낱말을 넣어 보세요.

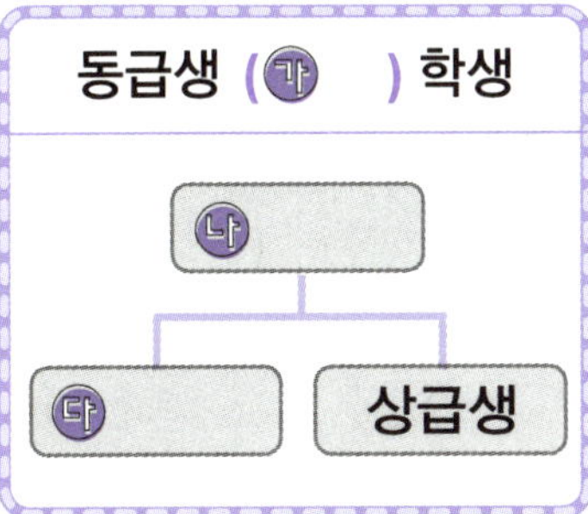

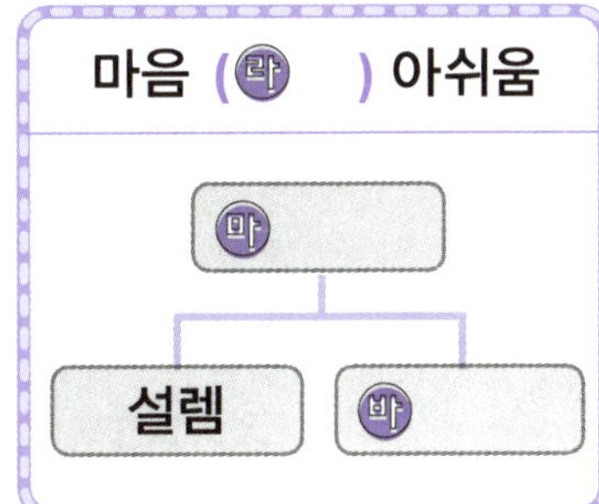

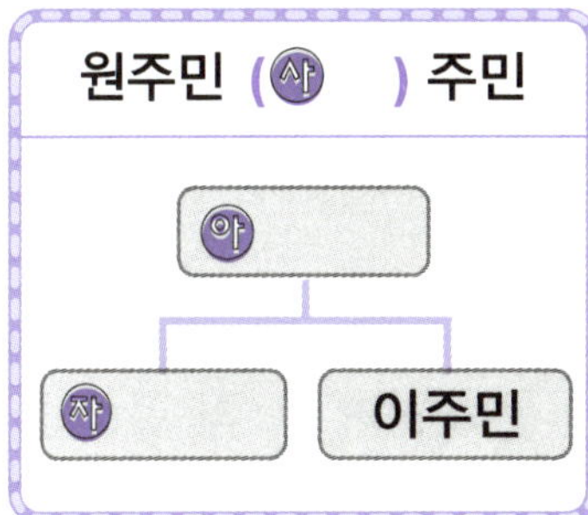

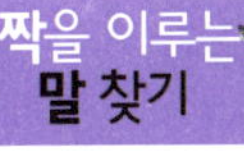

5. 짝을 이루는 말 찾기

짝을 이루는 말을 찾아 동그라미 하고, 그 말의 뜻을 보기 에서 찾아 번호를 쓰세요.

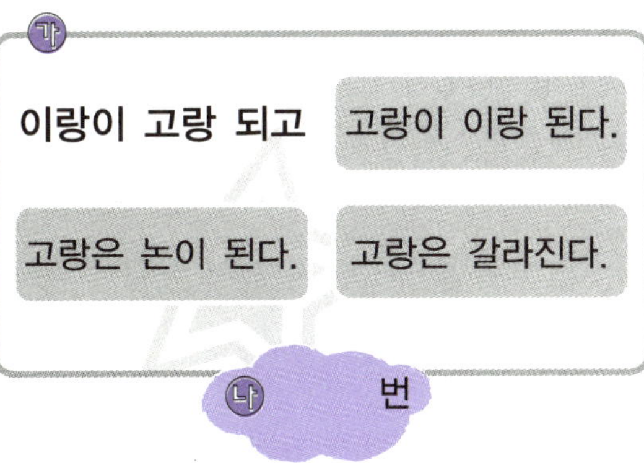

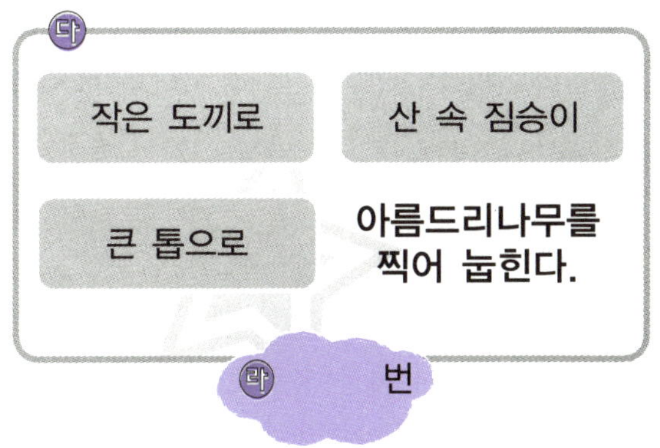

보기
① 무엇이나 항상 똑같지 않고 변하게 된다.
② 조그맣고 대수롭지 아니한 힘이라도 반복하면 큰일을 이룰 수 있다.

다음 **가**~**라** 의 ( )에 알맞은 낱말을 **보기** 에서 찾아 번호를 쓰고, **마** 의 질문에 답해 보세요.

가 그 많던 (　　　)나무들이 베인 뒷산은 민둥산과 다름이 없었다.

나 우리나라가 세계로 진출해 나갈 수 있었던 것은 우수한 기술과 (　　　) 사고 덕분이다.

다 서로 의견이 맞지 않을 때는 대화와 (　　　)으로 문제를 해결하려는 마음이 필요하다.

라 오랜 흉년으로 주민들은 (　　　)에 시달리고 있다.

마 '바람직하다'를 넣어 짧은 글을 지어 보세요.

→ ____

보기 ① 타협　② 동급생　③ 아름드리　④ 자람직한　⑤ 이로움　⑥ 창조적　⑦ 기아

여러분은 아침 식사를 꼭 하나요? 혹시, 아침마다 엄마랑 아침 식사 때문에 실랑이를 하는 건 아닌가요? 공부하는 학생들에게 아침 식사는 무척 중요하답니다. 배가 든든해야 머리가 쌩쌩 돌아가기 때문이에요.

뇌는 포도당이 있어야 활발하게 움직일 수 있어요. 혈당이 떨어져 뇌에 포도당 공급이 부족해지면, 뇌가 잘 움직이려고 하지 않는답니다. 게다가 밤 동안 쉬었던 뇌의 기능을 자극하기 위해서는 아침 식사가 꼭 필요하다고 합니다. 즉, 아침을 먹어야만 잠들었던 뇌가 깨어나고 활발하게 움직일 수 있답니다. 잠깐! 식사를 할 때엔 해조류, 조개류, 시금치, 굴, 나물을 챙겨 드세요. 철분과 비타민 B가 학습 능력에 도움을 주니까요.

머리 풀어 주는 퍼즐

도전 시간	걸린 시간
00 분 15 초	분 초

창의사고력 기초 다지기 연상추리력 쑥~

한 낱말의 모음과 자음의 위치를 바꾸어 놓았어요. 원래의 낱말은 무엇이었을까요?

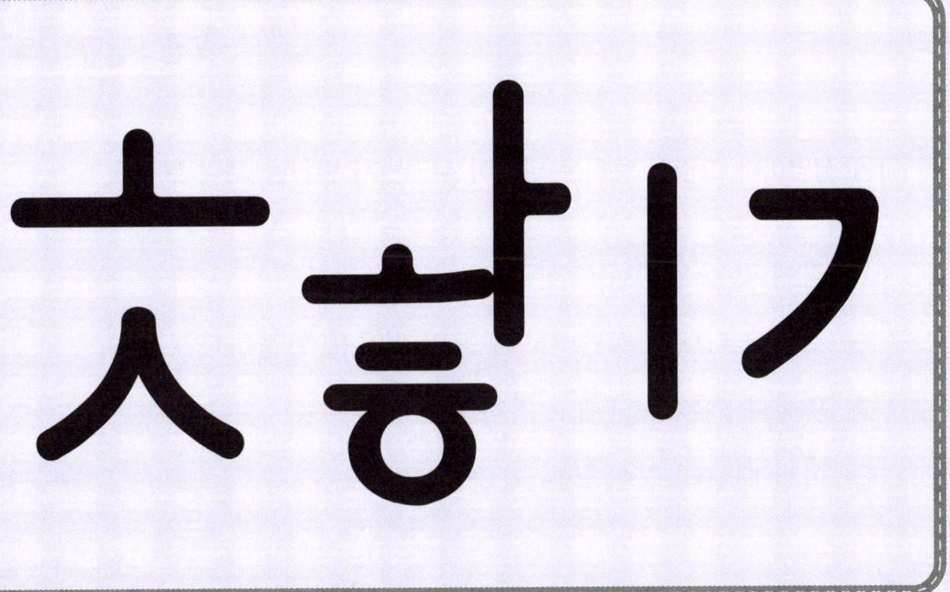

낱말이 쏙 생각이 쑥

<table>
<tr><td>도전시간</td><td>걸린시간</td></tr>
<tr><td>8 분 20 초</td><td>분 초</td></tr>
</table>

1 가로세로 낱말 찾기

다음 네모에서 알고 있는 낱말을 찾아 동그라미를 해 보세요.

격	식	근	심	어	린	외	교	자	상
차	중	근	거	하	다	양	탄	자	★
굳	독	이	현	황	도	간	조	바	심
건	초	더	미	개	인	솔	제	둑	보
히	죽	마	고	우	★	해	커	화	로

내가 찾은 낱말 　　　 개

2 낱말 뜻 알기

다음 설명이나 그림이 뜻하는 낱말이 무엇인지 빈칸을 채워 보세요.

문제 개수 8 개

맞은 개수 　 개

틀린 개수 　 개

- 가 격에 맞는 일정한 방식 ·············· ☐ ☐
- 나 무엇에 기대어 판단이나 행동의 이유를 확정하다. ···· ☐ ☐ 하 다
- 다 뜻이나 의지가 굳세고 건실하게 ············· ☐ ☐ 히
- 라 어릴 때부터 같이 놀며 자란 친구 ·········· ☐ 마 ☐ 우

마 ☐ ☐ 상

바 ☐ ☐ ☐

사 ☐ ☐ ☐

아 ☐ ☐

비슷한 말 반대말 알기

다음에서 비슷한 뜻끼리 짝지어진 것에는 '='로, 반대의 뜻끼리 짝지어진 것에는 '↔'로 나타내거나, 부호에 알맞게 낱말을 채워 보세요.

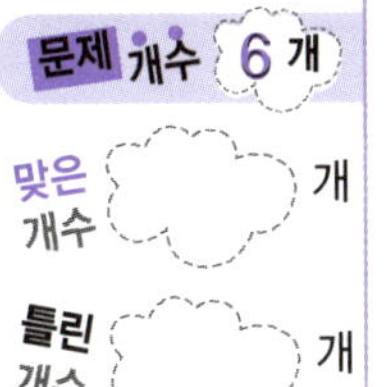

융단	=	(가)
근근이	(나)	간신히
조바심	(다)	안달

심보	(라)	마음보
미개인	(마)	문명인
식중독	(바)	식품 중독

4 큰 말 작은 말 알기

낱말의 포함 관계에 따라 '<' 또는 '>'로 나타내고, 그림의 위치에 알맞게 낱말을 넣어 보세요.

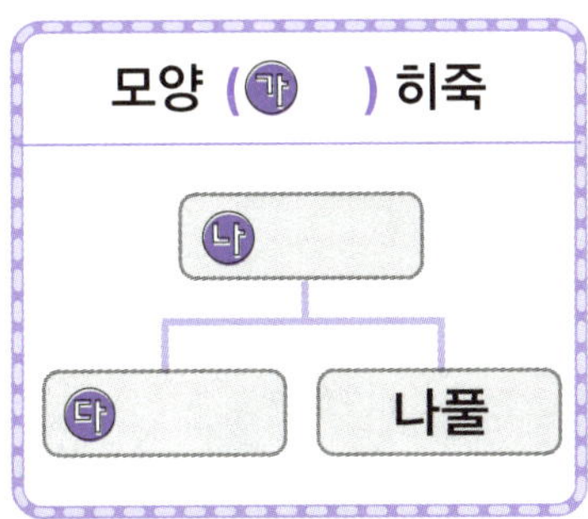

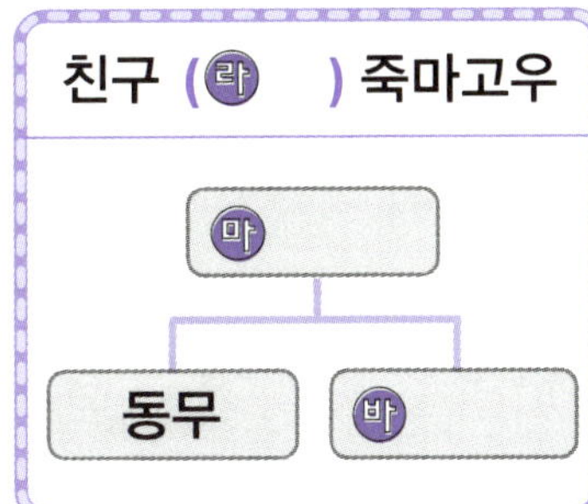

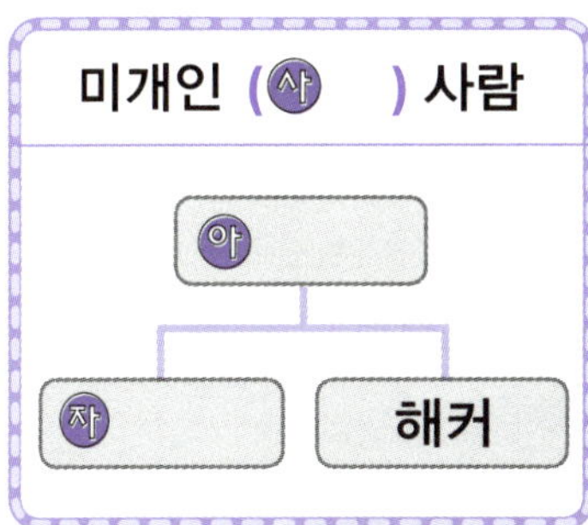

5 짝을 이루는 말 찾기

짝을 이루는 말을 찾아 동그라미 하고, 그 말의 뜻을 보기 에서 찾아 번호를 쓰세요.

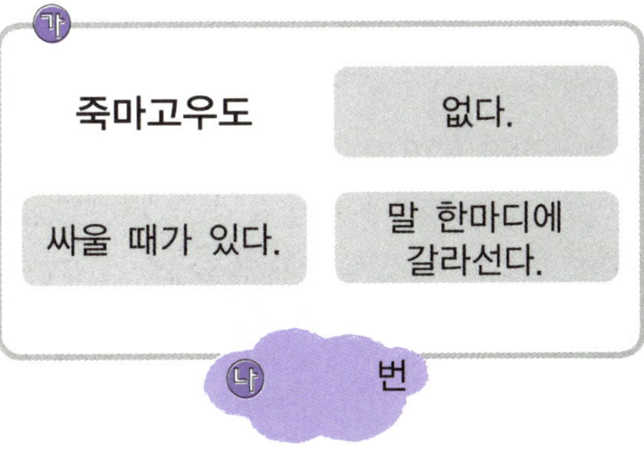

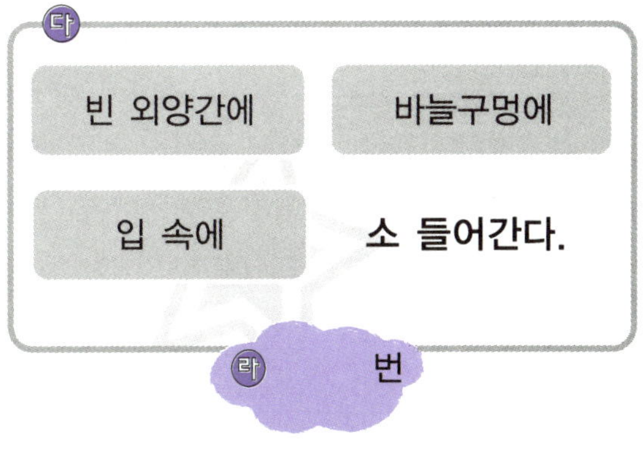

보기

① 일의 형편이나 외모가 좋아져 꼭 짜이게 잘 어울리게 되다.

② 비록 한마디의 말일지라도 조심하여야 한다.

다음 ㉮~㉣ 의 ( )에 알맞은 낱말을 보기 에서 찾아 번호를 쓰고, ㉤ 의 질문에 답해 보세요.

㉮ 우리나라는 헌법에 ( ) 국민의 기본 생활권을 보장하고 있다.

㉯ 일에는 순서가 있기 때문에 ( )을 낸다고 더 빨리 되는 게 아냐.

㉰ 결혼식이나 장례식장 같은 곳에서는 ( )에 맞는 옷을 입어야 한다.

㉱ 어허, 흥부를 괴롭히는 저 놀부 ( )를 좀 보게!

㉲ '근근이'를 넣어 짧은 글을 지어 보세요.

→ ______________________________________

보기 ① 격식 ② 근거하여 ③ 굳건히 ④ 죽마고우 ⑤ 근근이 ⑥ 조바심 ⑦ 심보

총 문제 개수 32 개 │ 총 맞은 개수 ◯ 개 │ 총 틀린 개수 ◯ 개

미영이네 이모의 환경 사랑은 동네에서도 유명합니다. 모든 음식은 유기농 재료로만 만들고, 빨래를 할 때에는 환경 오염이 적은 친환경 세제만을 사용합니다. 조카들을 위해 공책을 사더라도 꼭 재생 용지를 사용한 것을 고르지요. 그리고 틈틈이 인터넷을 통해 사람들과 친환경 제품에 대한 정보를 나눕니다. 미영이네 이모처럼 친환경 제품을 사용하는 사람을 '그린 컨슈머'라고 한답니다.

'그린 컨슈머'가 되기 위해서는 네 가지 소비 규칙을 지켜야 해요. '첫째, 환경 측면에서 문제가 있는 기업의 제품은 사지 않는다. 둘째, 환경 보호를 위해 제품의 사용량을 줄인다. 셋째, 환경을 위해 제품을 최대한 오래 재사용한다. 넷째, 다 사용한 제품이 재활용될 수 있도록 반드시 분리수거를 한다.'랍니다. '그린 컨슈머'는 친환경 제품의 소비에서 더 나아가, 그 이후의 문제인 재활용까지 생각하는 소비자랍니다.

13회

도전 시간	걸린 시간
00 분 10 초	분 초

창의사고력 기초 다지기 판단 능력 쑥~

출발에서 도착까지 숫자들을 따라가면서 종류가 다른 숫자 하나를 찾아 동그라미 해 보세요.

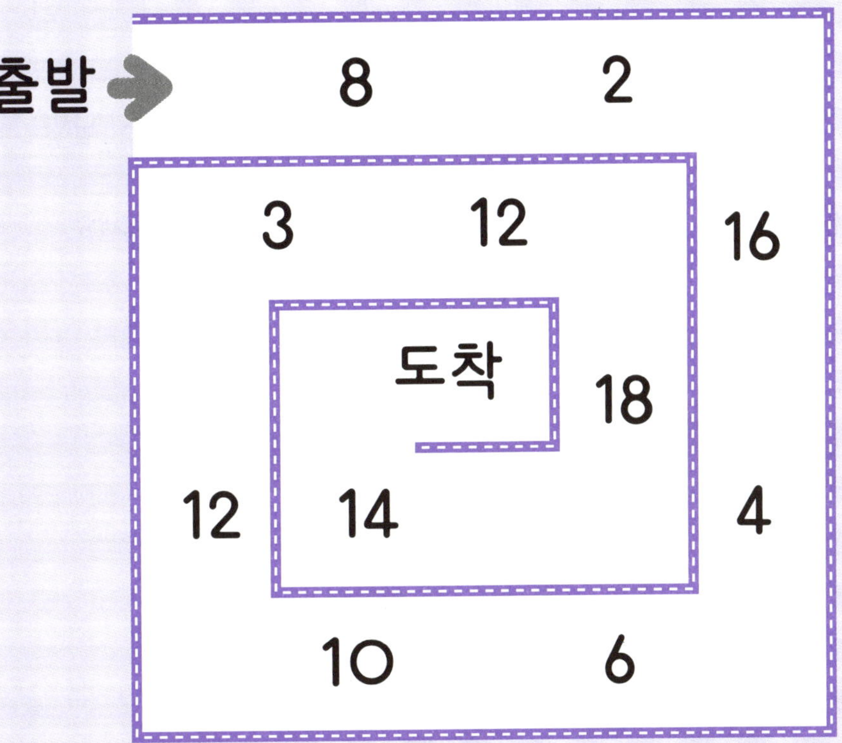

도전시간	걸린시간
8 분 50 초	분 초

1 가로세로 낱말 찾기

다음 네모에서 알고 있는 낱말을 찾아 동그라미를 해 보세요.

어	귀	공	자	립	방	구	멍	게	말
수	감	풀	백	사	장	도	리	습	똥
선	돌	뜸	허	★	옷	가	지	츠	지
하	다	머	릿	살	노	고	샅	레	기
다	기	둥	살	신	성	인	벌	이	줄

내가 찾은 낱말 　　 개

2 낱말 뜻 알기

다음 설명이나 그림이 뜻하는 낱말이 무엇인지 빈칸을 채워 보세요.

문제 개수 8 개

맞은 개수 　 개

틀린 개수 　 개

(가) 졸리거나 술에 취해 눈이 정기가 풀리고 흐리멍덩하며 거의 감길 듯한 모양

(나) 시골 마을의 좁은 골목길. 또는 골목 사이

(다) 일정한 지역으로 지나들 때 지나게 되는 지점

(라) 옳은 일을 위해 자기 몸을 희생하는 것

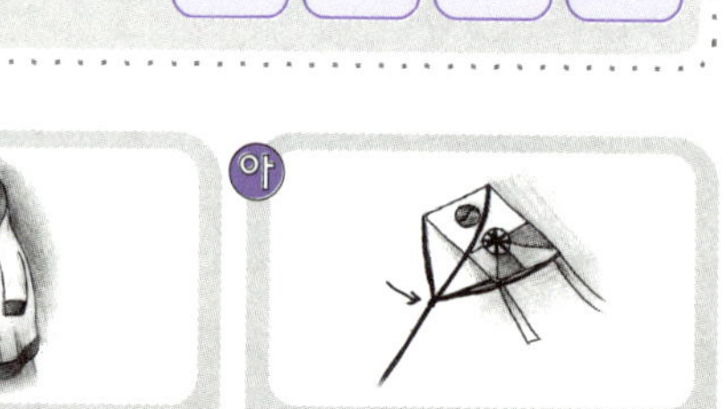

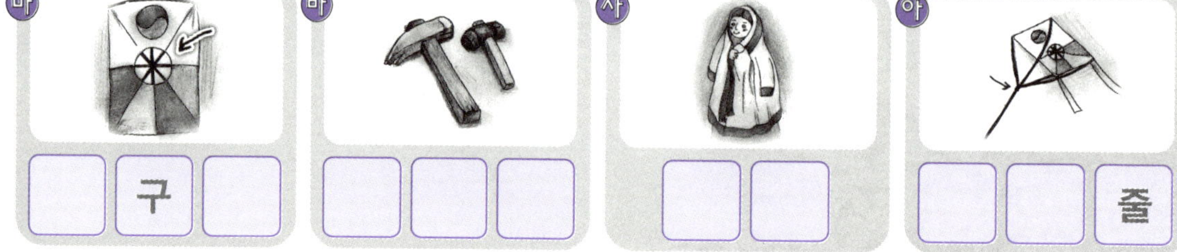

(마) 　 구

(바)

(사)

(아) 　 　 줄

비슷한 말 반대말 알기

다음에서 비슷한 뜻끼리 짝지어진 것에는 '='로, 반대의 뜻끼리 짝지어진 것에는 '↔'로 나타내거나, 부호에 알맞게 낱말을 채워 보세요.

본보기	=	(가)
어귀	(나)	입구
자립	(다)	의지

노고	(라)	수고
게슴츠레	(마)	거슴츠레
어수선하다	(바)	뒤숭숭하다

큰 말 작은 말 알기

낱말의 포함 관계에 따라 '<' 또는 '>'로 나타내고, 그림의 위치에 알맞게 낱말을 넣어 보세요.

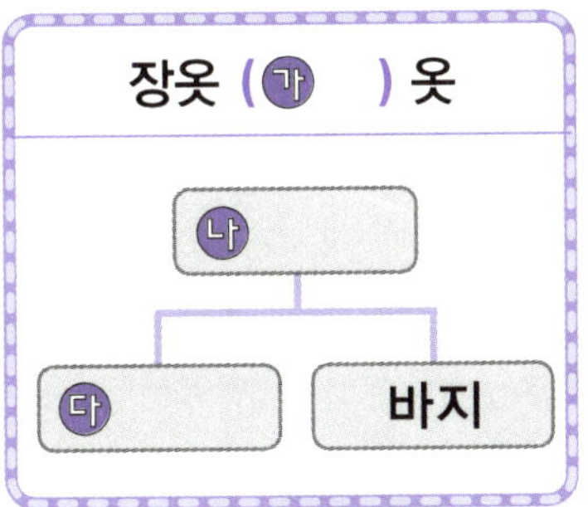

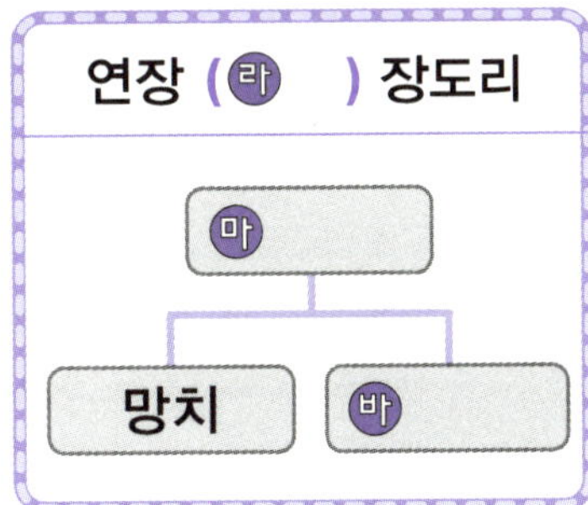

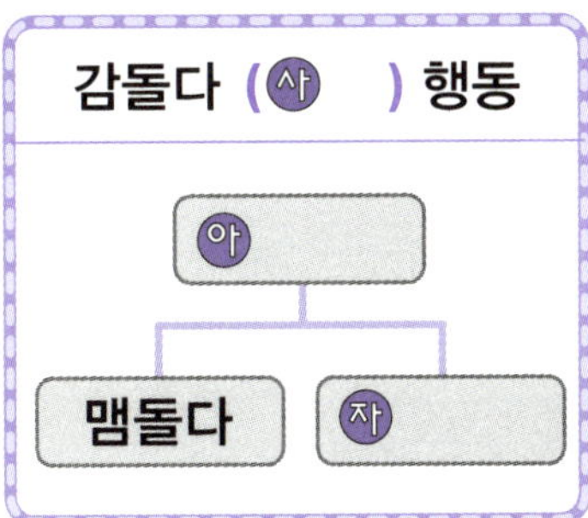

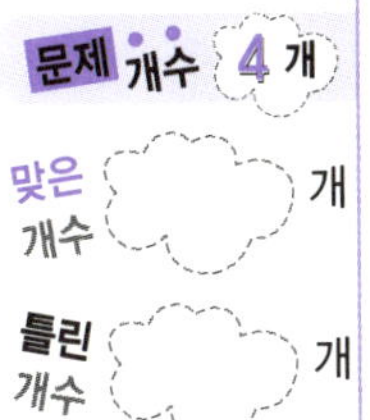

짝을 이루는 말 찾기

짝을 이루는 말을 찾아 동그라미 하고, 그 말의 뜻을 보기 에서 찾아 번호를 쓰세요.

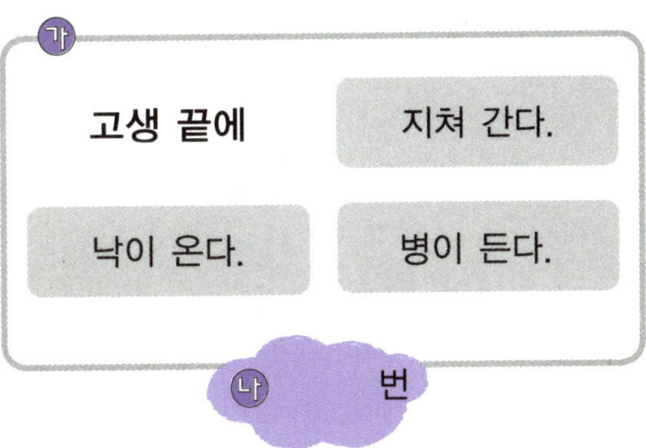

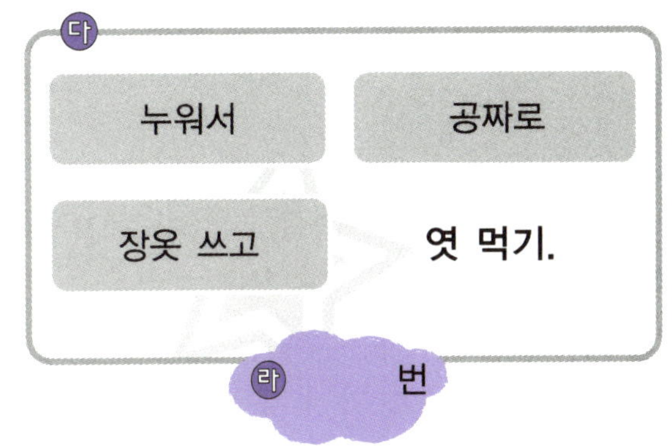

보기

① 어려운 일이나 고된 일을 겪은 뒤에는 반드시 즐겁고 좋은 일이 생긴다.

② 겉으로는 점잖고 얌전한 체하면서 남이 보지 않는 데서는 좋지 않은 행동을 한다.

다음 가~라 의 ( )에 알맞은 낱말을 보기 에서 찾아 번호를 쓰고, 마 의 질문에 답해 보세요.

문제 개수 5 개

맞은 개수 ___ 개

틀린 개수 ___ 개

가 우리 조상은 마을 ( )에 장승을 세우고 마을을 지켜주길 빌었습니다.

나 피란민들의 보따리는 음식과 ( )로 초라하게 꾸려져 있었다.

다 술 취한 아저씨가 ( ) 눈을 뜬 채 휘적휘적 걸어가고 있다.

라 전염병이 돌아 많은 사람들이 죽자 마을에는 우울함이 ( ).

마 '고생 끝에 낙이 온다.'는 어떤 경우에 쓰는 말인지 써 보세요.

→ ____

보기 ① 게슴츠레 ② 고샅 ③ 살신성인 ④ 장도리 ⑤ 옷가지 ⑥ 감돌았다 ⑦ 어귀

총 문제 개수 32 개 | 총 맞은 개수 ◯ 개 | 총 틀린 개수 ◯ 개

지하철에서 할머니나 할아버지를 보면, 여러분은 어떻게 하나요? 그냥 모른 체하고 앉아 있나요, 아니면 얼른 일어나 자리를 양보하나요? 만약, 여러분이 어른에게 자리를 양보한다면 배려하는 마음이 있는 친구랍니다.

배려란 내가 가진 것을 나누고 양보할 줄 아는 마음이에요. 자리에 앉아서 가면 참 편하답니다. 창밖 풍경을 구경할 수도, 꾸벅꾸벅 졸 수도, 책을 읽을 수도 있으니까요. 많은 사람들 틈에서 부대낄 일도 없어요. 그렇기 때문에 배려를 실천하기란 말처럼 쉬운 게 아니에요. 내가 누리는 편안함을 다른 사람에게 아무런 대가 없이 건네주는 것이니까요.

배려는 아름다운 마음이에요. 사람들이 다른 사람을 배려할수록 세상은 더욱 아름다워질 거예요.

14회 머리 풀어 주는 퍼즐

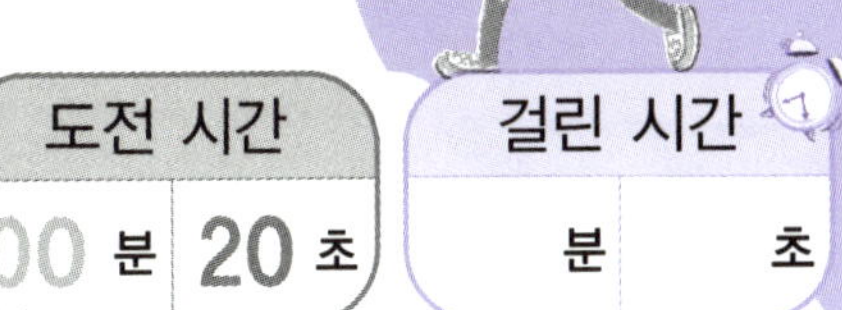

도전 시간	걸린 시간
00 분 20 초	분 초

창의사고력 기초 다지기 정보처리능력 쑥~

보기의 모양을 정사각형으로 만들려면 어떤 모양을 덧붙여야 할까요?

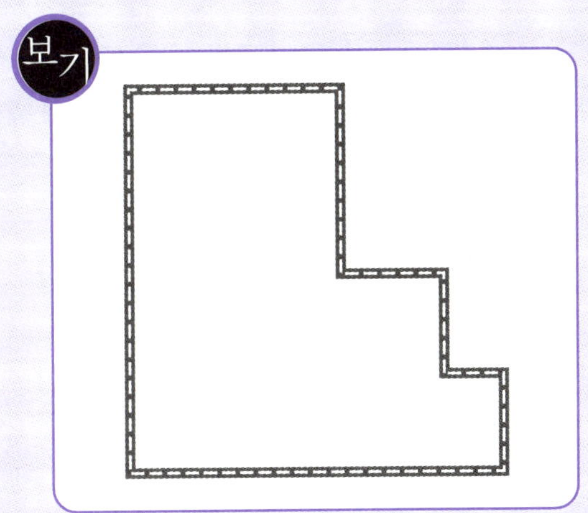

보기

❶ 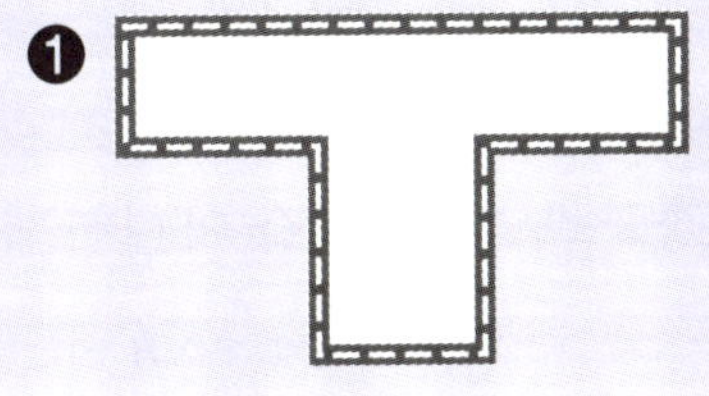

❷ 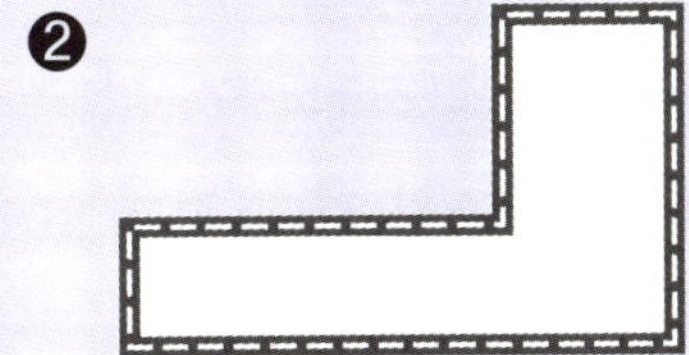

❸ 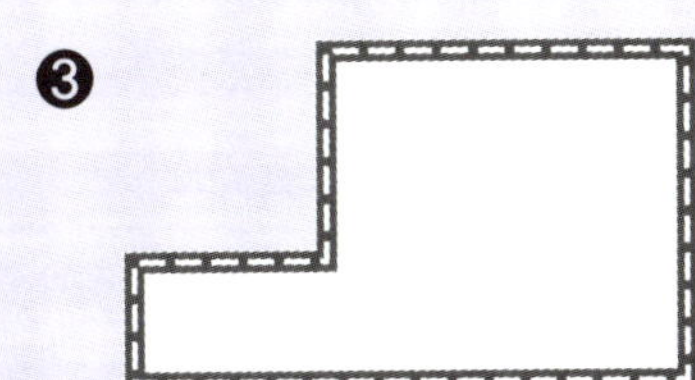

❹ 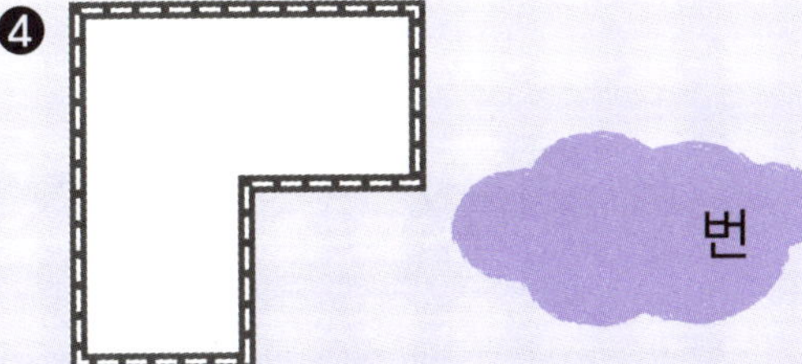

번

도전시간 8 분 15 초 · 걸린시간 분 초

1 가로세로 낱말 찾기

다음 네모에서 알고 있는 낱말을 찾아 동그라미를 해 보세요.

치	요	양	원	패	러	글	라	이	딩
매	트	각	근	위	병	피	이	까	짓
국	경	일	감	쪽	같	이	벌	리	다
노	곤	하	다	수	익	금	강	석	★
관	람	료	발	스	쿠	버	다	이	빙

내가 찾은 낱말 ◯ 개

2 낱말 뜻 알기

다음 설명이나 그림이 뜻하는 낱말이 무엇인지 빈칸을 채워 보세요.

문제 개수 8 개
맞은 개수 ◯ 개
틀린 개수 ◯ 개

㉮ 뇌신경 세포의 손상으로 지능, 의지, 기억 등의 정신 작용이 불완전한 상태 …… ☐ ☐

㉯ 환자들이 요양하도록 시설을 갖추어 놓은 보건 기관 …… ☐ ☐ ☐

㉰ 꾸미거나 고친 것이 전혀 알아챌 수 없을 정도로 티가 나지 아니하게 …… ☐ 쪽 ☐ 이

㉱ 나른하고 피로하다. …… ☐ ☐ 하 다

㉲ ☐ ☐ ☐ ☐ ☐

㉳ ☐ ☐ 라 이 딩

㉴ ☐ ☐ ☐

㉵ ☐ ☐ 석

3 비슷한 말 반대말 알기

다음에서 비슷한 뜻끼리 짝지어진 것에는 '='로, 반대의 뜻끼리 짝지어진 것에는 '↔'로 나타내거나, 부호에 알맞게 낱말을 채워 보세요.

문제 개수 **6** 개

맞은 개수 ___ 개

틀린 개수 ___ 개

다이아몬드	**=**	(가)
근위병	(나)	근위병사
벌리다	(다)	좁히다

양각	(라)	음각
수익금	(마)	이익금
매국노	(바)	애국자

4 큰 말 작은 말 알기

낱말의 포함 관계에 따라 '<' 또는 '>'로 나타내고, 그림의 위치에 알맞게 낱말을 넣어 보세요.

문제 개수 **9** 개

맞은 개수 ___ 개

틀린 개수 ___ 개

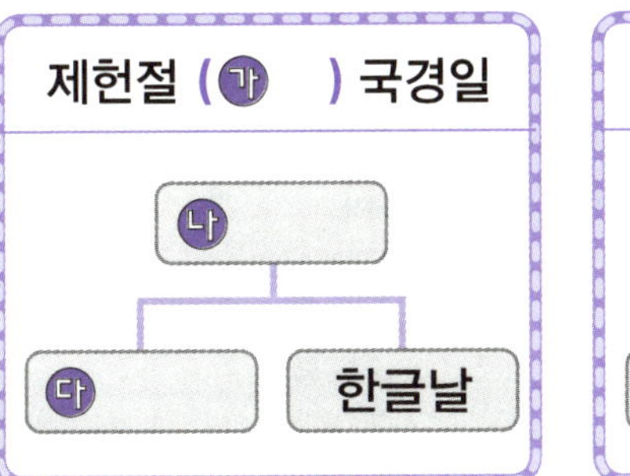

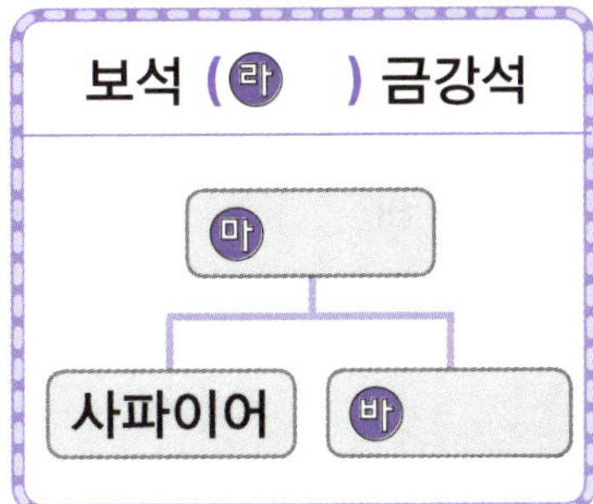

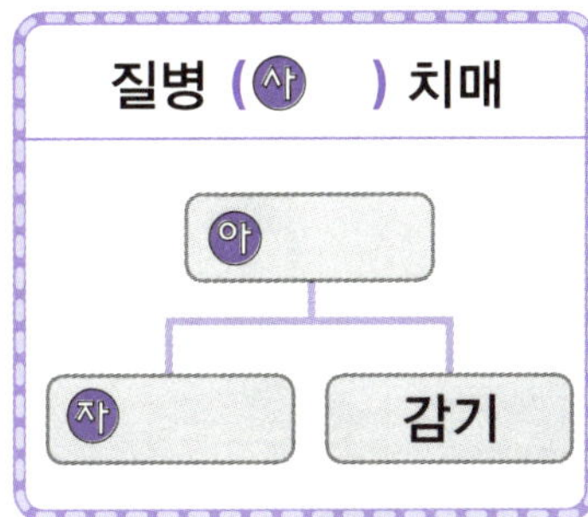

5 짝을 이루는 말 찾기

짝을 이루는 말을 찾아 동그라미 하고, 그 말의 뜻을 보기 에서 찾아 번호를 쓰세요.

문제 개수 **4** 개

맞은 개수 ___ 개

틀린 개수 ___ 개

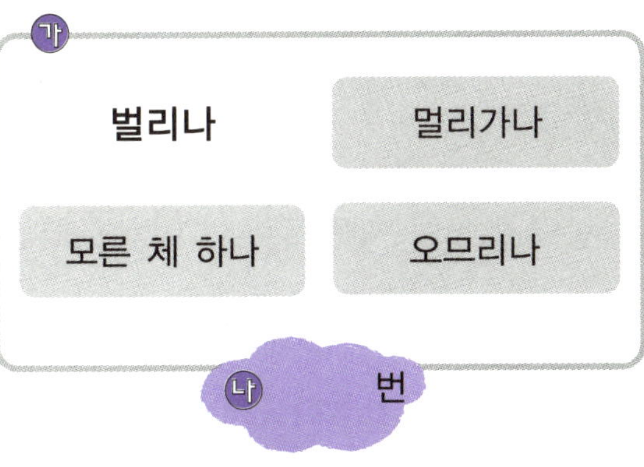

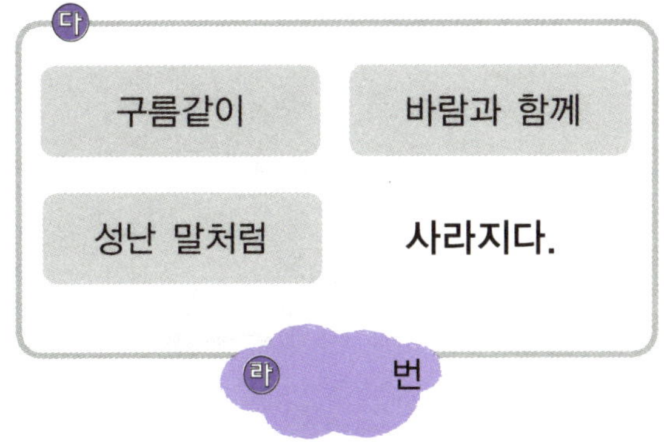

보기

① 감쪽같이 사라지다.
② 이렇게 하나 저렇게 하나 같다.

6 낱말 활용하기

다음 ㉮ ~ ㉣ 의 ( )에 알맞은 낱말을 보기 에서 찾아 번호를 쓰고, ㉤ 의 질문에 답해 보세요.

문제 개수 **5** 개

맞은 개수 ◯ 개

틀린 개수 ◯ 개

㉮ 어제 밤까지 분명히 있던 물건이 아침에 ( ) 사라졌다.

㉯ 수학여행에서 잠을 잘 못 자고 버스도 오래 탔더니 온몸이 ( ).

㉰ 할머니께서 ( )에 걸리셔서 사람을 잘 알아보지 못하신다.

㉱ 한겨울도 잘 견뎌 냈는데 ( ) 꽃샘추위야 문제없다.

㉲ '구름같이 사라지다.'는 어떤 경우에 쓰는 말인지 써 보세요.

→ --

보기 ① 요양원 ② 감쪽같이 ③ 노곤하다 ④ 치매 ⑤ 이까짓 ⑥ 원근감 ⑦ 관람료

총 문제 개수 ◯32◯ 개 | 총 맞은 개수 ◯ 개 | 총 틀린 개수 ◯ 개

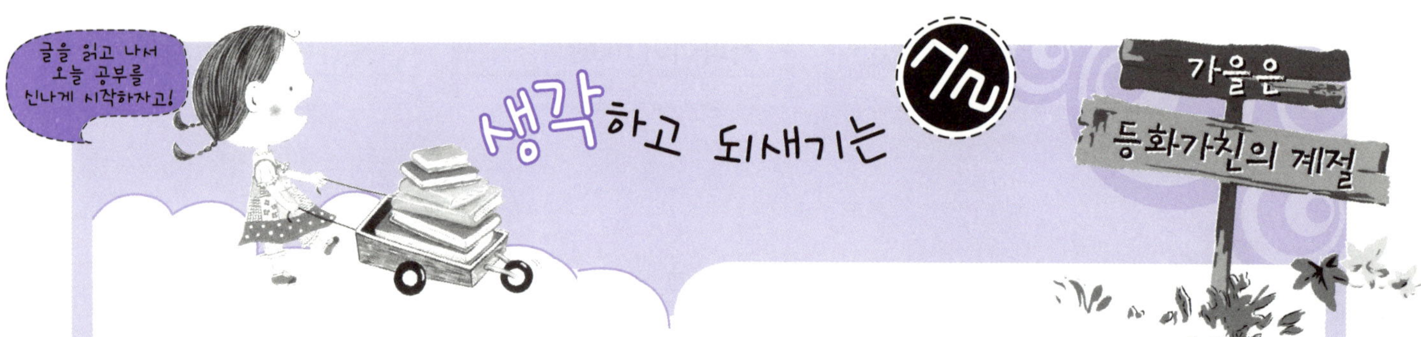

등불을 가까이 할 수 있다는 뜻의 '등화가친(燈火可親)'은 책을 읽고 학문에 열중하기에 좋다는 의미로, 옛날 중국의 당나라에 살았던 한유라는 사람의 시에 나오는 말입니다.

한유는 정치를 하는 사람이자 글을 잘 쓰는 사람으로 유명했답니다. 그에게는 창이라는 아들이 있었어요. 한유는 글을 좋아하는 사람답게 창이 책을 좋아하고 즐겨 읽기를 바랐답니다.

어느 날, 한유는 창에게 시 한수를 지어서 보냈습니다.

"가을이 되어 장마도 개고 하니 서늘한 바람이 마을에 가득하구나. 이제 등불도 가까이 할 수 있으니(등화가친) 책을 펴 보는 것도 좋겠구나."

가을을 '등화가친의 계절'이라고 하는 데에는 가을이 되어 여름의 더운 기운이 사라지면, 책을 가까이 하라는 의미가 담겨 있답니다.

15회

도전 시간	걸린 시간
00 분 15 초	분 초

창의사고력 기초 다지기   계산능력 쑥~

동물 친구들이 시소를 타고 있어요. 시소는 오른쪽과 왼쪽 중 어느 쪽으로 기울까요?

도전시간 8 분 40 초 걸린시간 분 초

1 가로세로 낱말 찾기

다음 네모에서 알고 있는 낱말을 찾아 동그라미를 해 보세요.

여기서 찾은 낱말로 2~6번 문제를 풀어요!

★	무	장	간	첩	첩	산	중	립	국
올	잠	수	함	자	투	리	산	세	끈
바	성	★	지	포	역	경	층	면	질
르	품	초	킴	자	대	님	★	대	기
나	★	소	이	기	마	병	두	텁	다

내가 찾은 낱말 ◯ 개

2 낱말 뜻 알기

다음 설명이나 그림이 뜻하는 낱말이 무엇인지 빈칸을 채워 보세요.

문제 개수 8 개

맞은 개수 ◯ 개

틀린 개수 ◯ 개

㉮ 전투에 필요한 장비를 갖춤. 또는 그 장비 ·················· ☐ ☐

㉯ 여러 산이 겹치고 겹친 아주 깊은 산 속 ·········· 첩 ☐ 산 ☐

㉰ 일이 순조롭지 않아 매우 어렵게 된 처지나 환경 ·········· ☐ ☐

㉱ 절망에 빠져 자신을 스스로 포기하고 돌아보지 아니함. · 자 ☐ 자 ☐

㉲ 
☐ ☐ 병

㉳ 
☐ ☐

㉴ 
☐ ☐ ☐

㉵ 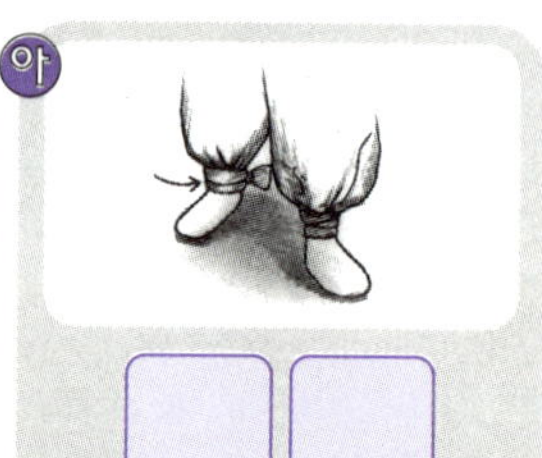
☐ ☐

비슷한 말 반대말 알기

다음에서 비슷한 뜻끼리 짝지어진 것에는 '='로, 반대의 뜻끼리 짝지어진 것에는 '↔'로 나타내거나, 부호에 알맞게 낱말을 채워 보세요.

똑바르다	=	(㉮)
성품	(㉯)	됨됨이
포기	(㉰)	자포자기

잠수함	(㉹)	잠수정
간첩	(㉺)	첩자
두텁다	(㉻)	얄다

큰 말 작은 말 알기

낱말의 포함 관계에 따라 '<' 또는 '>'로 나타내고, 그림의 위치에 알맞게 낱말을 넣어 보세요.

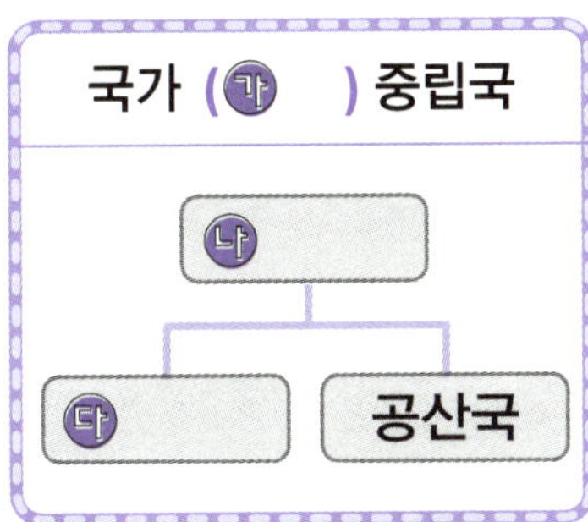

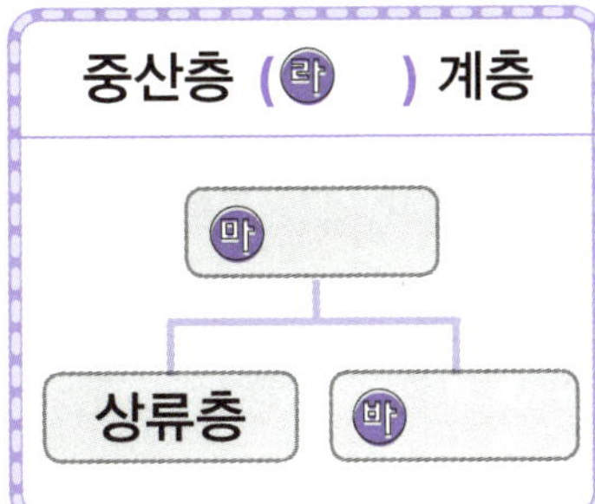

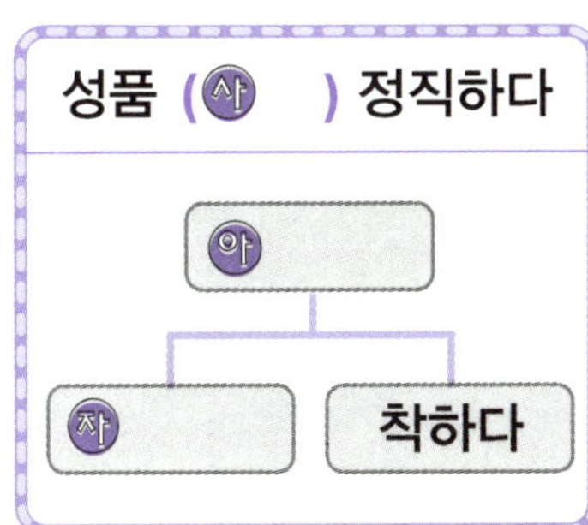

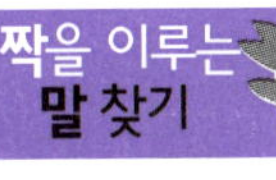

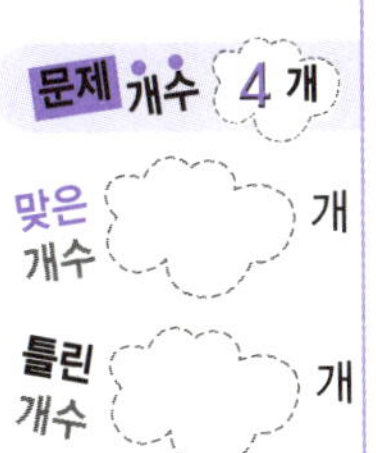

짝을 이루는 말 찾기

짝을 이루는 말을 찾아 동그라미 하고, 그 말의 뜻을 보기 에서 찾아 번호를 쓰세요.

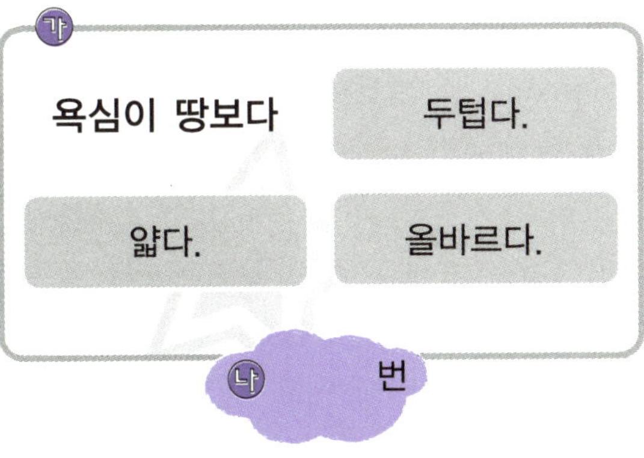

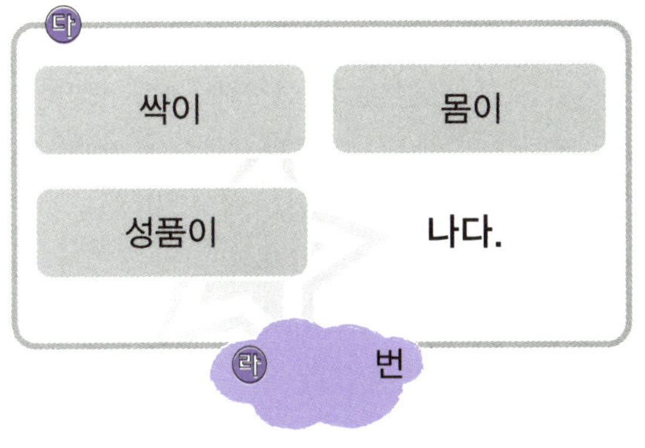

보기
① (비유적으로) 욕심이 매우 많다.
② 몹시 노엽거나 언짢은 감정이 나다.

다음 ㉮~㉣ 의 ( )에 알맞은 낱말을 보기 에서 찾아 번호를 쓰고, ㉤ 의 질문에 답해 보세요.

문제 개수 5 개

맞은 개수 개

틀린 개수 개

㉮ 예로부터 지리산은 ( )가 험한 곳으로 유명하다.

㉯ 자녀들이 ( ) 자랄 수 있도록 부모들은 최선의 노력을 다하고 있다.

㉰ 거짓말이 탄로 나자 범인은 ( )하는 마음으로 사실을 말하기 시작했다.

㉱ ( )을 극복하는 과정에서 사람은 한결 성숙해질 수 있다.

㉲ '자투리'를 넣어 짧은 글을 지어 보세요.

→ ____

보기 ① 무장   ② 역경   ③ 세면대   ④ 자포자기   ⑤ 올바르게   ⑥ 자투리   ⑦ 산세

총 문제 개수 32 개 ┆ 총 맞은 개수 개 ┆ 총 틀린 개수 개

　　신문을 읽으면, 세상에 대한 생각을 키울 수 있어요. 신문에는 다양한 기사가 실린답니다. 정치, 경제, 시사, 문화 등의 다양한 소식들을 매일매일 볼 수 있어요. 그래서 신문을 읽으면 세상을 보는 눈이 넓어지는 거예요.

　　하지만 어른들 신문을 그대로 읽기는 무척 어려울 거예요. 뜻을 모르는 단어도 많이 나오고 간혹 한자도 나오니까요. 그렇다면 그냥 사진만 보는 것도 괜찮아요. 사진만으로도 그날의 중요한 소식들을 모두 알 수 있으니까요. 만화 한 컷도 마찬가지예요. 만화를 통해 어떤 일이 일어났는지를 단박에 알 수 있으니까요. 어른 신문이 부담스럽다면, 어린이를 위한 신문을 볼 수도 있어요. 인터넷을 통해서도 읽을 수 있답니다. 신문을 보고 난 뒤, 부모님과 함께 그날 나온 기사에 대해 이야기를 나누어 보면 더욱 좋답니다.

16회

머리 풀어 주는 퍼즐

도전 시간	걸린 시간
00 분 10 초	분 초

창의사고력 기초 다지기 주의집중력 쑥~

보기 에서 삼각형을 모두 찾아서 동그라미 해 보세요.

보기

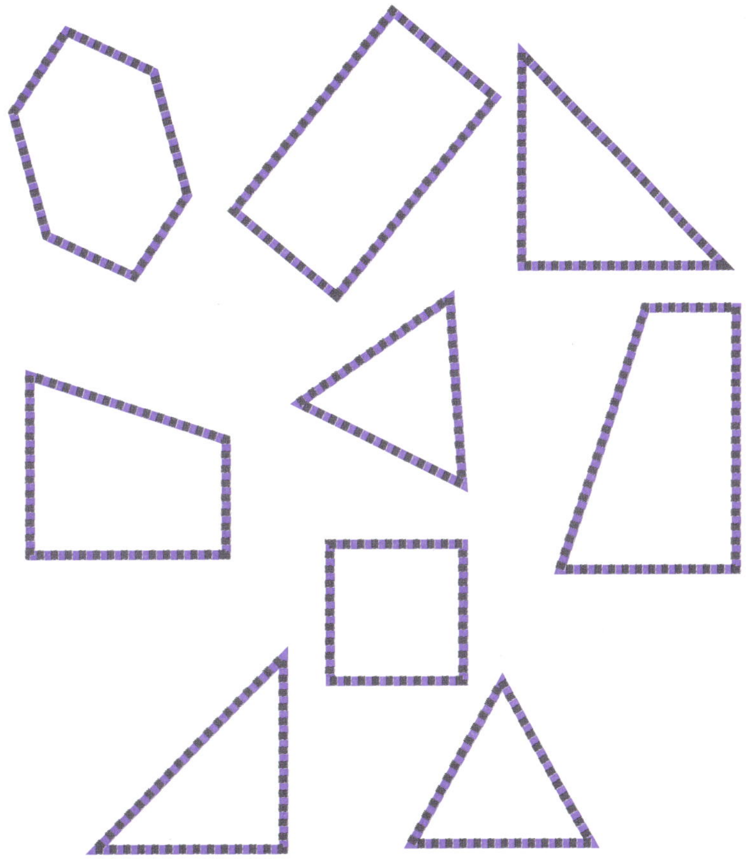

도전시간 7 분 50 초
걸린시간 분 초

1 가로세로 낱말 찾기

다음 네모에서 알고 있는 낱말을 찾아 동그라미를 해 보세요.

질	기	다	★	모	재	근	뽀	로	통
고	수	줍	음	둠	잘	심	마	니	발
무	쇠	심	지	어	거	문	고	갈	뒤
총	각	무	더	기	리	지	삐	퀴	꿈
부	쩍	감	소	하	다	방	아	쇠	치

내가 찾은 낱말 ⬭ 개

2 낱말 뜻 알기

다음 설명이나 그림이 뜻하는 낱말이 무엇인지 빈칸을 채워 보세요.

문제 개수 8 개

맞은 개수 ⬭ 개

틀린 개수 ⬭ 개

㉮ 못마땅하여 얼굴에 성난 빛이 나타남 ············· ☐ ☐ ☐

㉯ 드나드는 문에서 방바닥과 방의 바깥을 갈라놓은, 문틀의 아래 부분

············· ☐ ☐ ☐

㉰ 한데 수북이 쌓였거나 뭉쳐 있는 더미나 무리 ······· ☐ ☐ ☐

㉱ 더욱 심하다 못하여 나중에는 ············· ☐ ☐

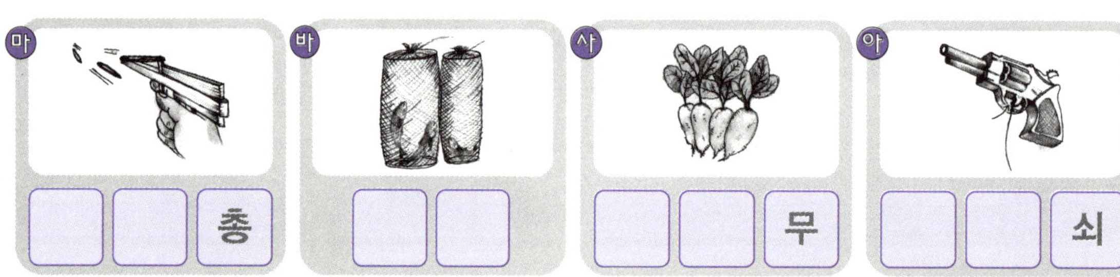

㉲ ☐ ☐ 총

㉳ ☐ ☐

㉴ ☐ ☐ 무

㉵ ☐ ☐ 쇠

비슷한 말 반대말 알기

다음에서 비슷한 뜻끼리 짝지어진 것에는 '='로, 반대의 뜻끼리 짝지어진 것에는 '↔'로 나타내거나, 부호에 알맞게 낱말을 채워 보세요.

걱정	=	(가)
질기다	(나)	연하다
심마니	(다)	채삼꾼

심지어	(라)	지어
감소하다	(마)	증가하다
음지	(바)	양지

4 큰말 작은말 알기

낱말의 포함 관계에 따라 '<' 또는 '>'로 나타내고, 그림의 위치에 알맞게 낱말을 넣어 보세요.

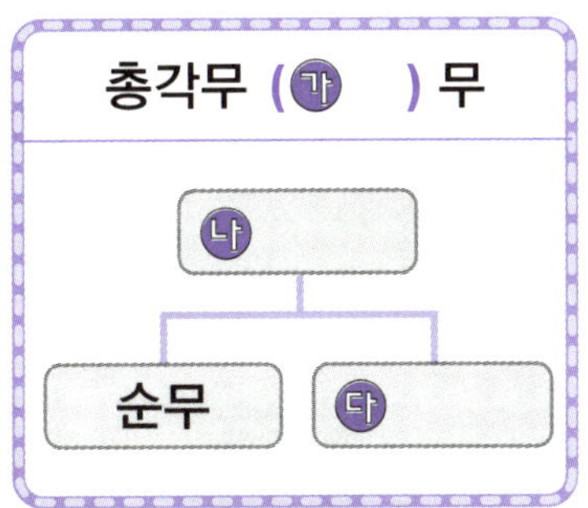

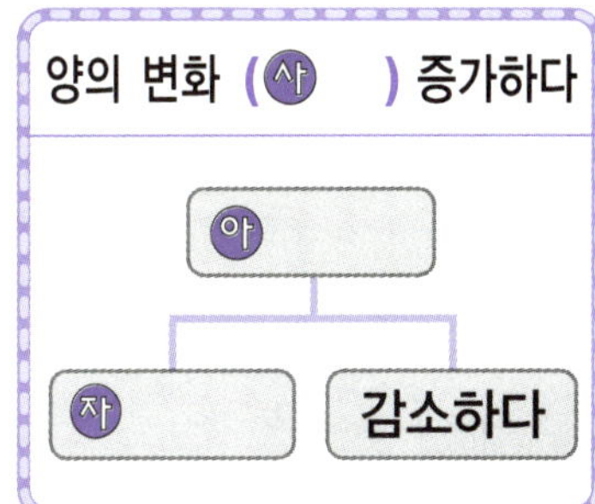

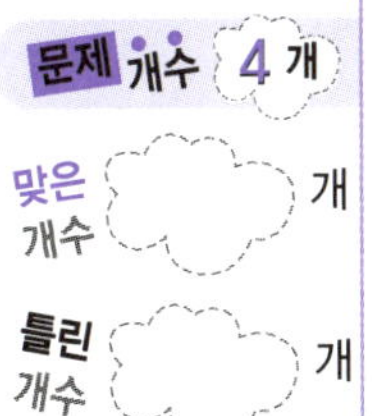

5 짝을 이루는 말 찾기

짝을 이루는 말을 찾아 동그라미 하고, 그 말의 뜻을 보기 에서 찾아 번호를 쓰세요.

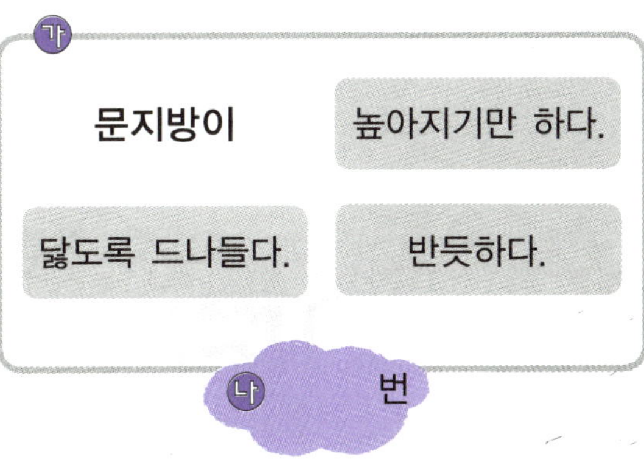

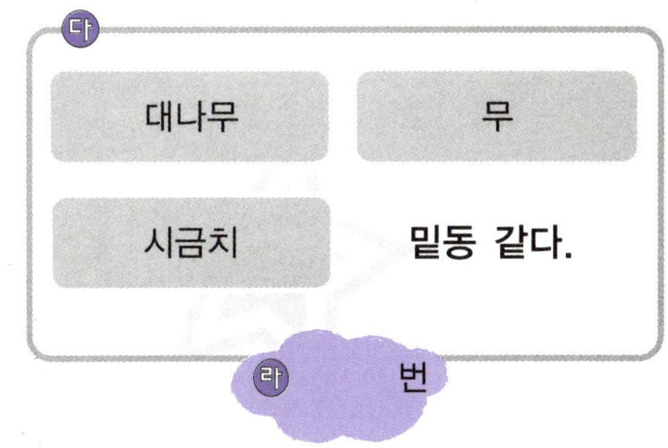

보기
① 도와주는 사람이 없이 홀지고 외로운 처지이다.
② 매우 자주 드나들다.

다음 ㉮~㉣의 ( )에 알맞은 낱말을 보기에서 찾아 번호를 쓰고, ㉤의 질문에 답해 보세요.

문제 개수 **5** 개

맞은 개수 ( ) 개

틀린 개수 ( ) 개

㉮ 경찰의 발표에 따르면 범죄 발생률이 작년보다 올해 더 ( ).

㉯ 교실 뒤 분실물 함에는 친구들이 찾아가지 않은 물건들이 ( )로 쌓여 있었다.

㉰ 엄마에게 내가 칭찬받자 샘이 많은 동생은 ( )한 얼굴이 되었다.

㉱ 입학식을 마친 신입생들이 교문을 나서며 참새처럼 ( ).

㉲ '심지어'를 넣어 짧은 글을 지어 보세요.

→ ______________________________

보기 ① 뾰로통 ② 무더기 ③ 심지어 ④ 질기다 ⑤ 감소했다 ⑥ 음지 ⑦ 재잘거렸다

총 문제 개수 **32** 개 ┊ 총 맞은 개수 ( ) 개 ┊ 총 틀린 개수 ( ) 개

"주문이 많이 들어옵니다.", "곧 매진될 것 같아요."

어디서 많이 들어본 소리 같지 않으세요? 바로 홈쇼핑 쇼 호스트의 단골 멘트랍니다. 마감 시간이 가까워지면서, 살까 말까 고민하는 고객의 마음을 사로잡기 위한 하나의 방법이지요. '주문 폭주', '매진 임박' 같은 자막을 함께 보여 주면서 말이에요.

쇼 호스트의 다급한 목소리와 자막들은, 방송을 보며 살까말까 망설이는 사람들의 마음을 바꾸어 놓기도 해요. 방송을 보면서 '나처럼 살까말까 망설이는 사람들도 사는구나.', '좋은 제품인가 봐, 많은 사람들이 걸 보면 말이야.', '어! 지금 사지 않으면 못 사겠네.' 라는 생각이 들면서, 결국엔 물건을 사게 된답니다.

홈쇼핑에는 사람들이 상품을 사게 만드는 장치가 더 있어요. 째깍째깍 돌아가는 시계 소리와 숨 가쁘게 들리는 음악이랍니다. 째깍거리는 시계소리는 빨리 사야할 것 같은 마음을 부추기고, 빠른 음악은 상품에만 집중할 수 있도록 한답니다.

머리 풀어 주는 퍼즐

도전 시간	걸린 시간
00 분 15 초	분 초

혜선이는 엄마의 거울을 실수로 깨뜨렸어요. 깨진 조각들을 모아 보세요. 원래 거울은 어떤 모양이었을까요?

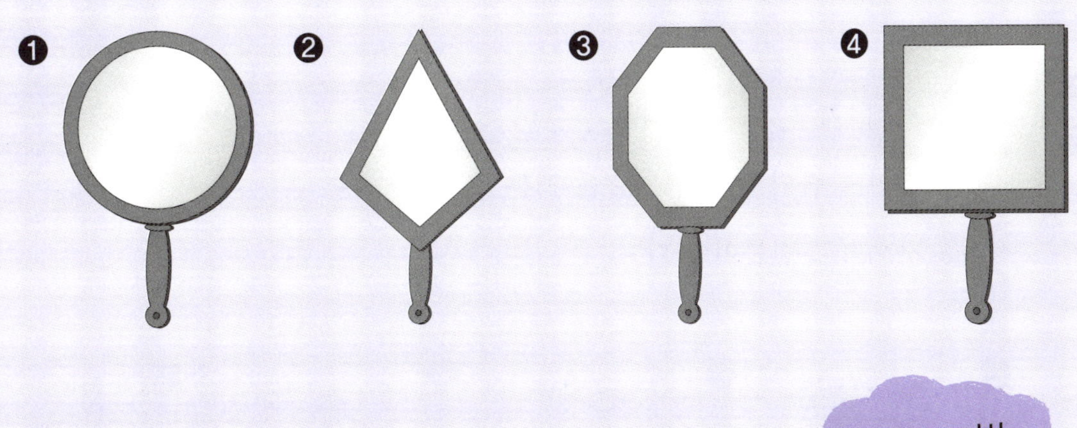

번

도전시간 8 분 30 초
걸린시간 분 초

1 가로세로 낱말 찾기

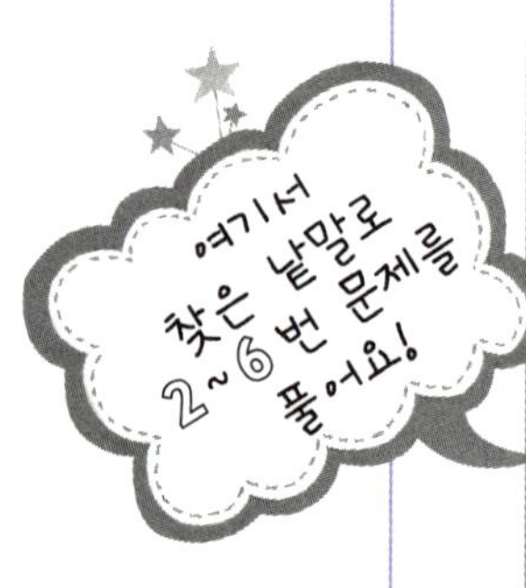

다음 네모에서 알고 있는 낱말을 찾아 동그라미를 해 보세요.

소	액	과	수	원	시	림	비	용	연
득	면	밀	하	다	직	판	장	두	구
가	지	각	색	★	경	매	★	레	들
계	극	대	화	장	지	기	자	재	장
부	히	출	★	유	익	하	다	래	★

내가 찾은 낱말 　　개

2 낱말 뜻 알기

다음 설명이나 그림이 뜻하는 낱말이 무엇인지 빈칸을 채워 보세요.

문제 개수 8 개

맞은 개수 　개

틀린 개수 　개

가 유통 단계를 거치지 않고 생산자가 소비자에게 직접 판매하는 장소

나 기계, 기구, 자재 따위를 통틀어 이르는 말

다 집안 살림의 수입과 지출을 적는 장부

라 자세하고 빈틈이 없다. 　　　　하 다

3 비슷한 말 반대말 알기

다음에서 비슷한 뜻끼리 짝지어진 것에는 '='로, 반대의 뜻끼리 짝지어진 것에는 '↔'로 나타내거나, 부호에 알맞게 낱말을 채워 보세요.

문제 개수 **6** 개

맞은 개수 개

틀린 개수 개

해롭다	↔	(가)
소득	(나)	이득
지극히	(다)	대충

면밀하다	(라)	꼼꼼하다
비용	(마)	경비
극대화	(바)	극소화

4 큰 말 작은 말 알기

낱말의 포함 관계에 따라 '＜' 또는 '＞'로 나타내고, 그림의 위치에 알맞게 낱말을 넣어 보세요.

문제 개수 **9** 개

맞은 개수 개

틀린 개수 개

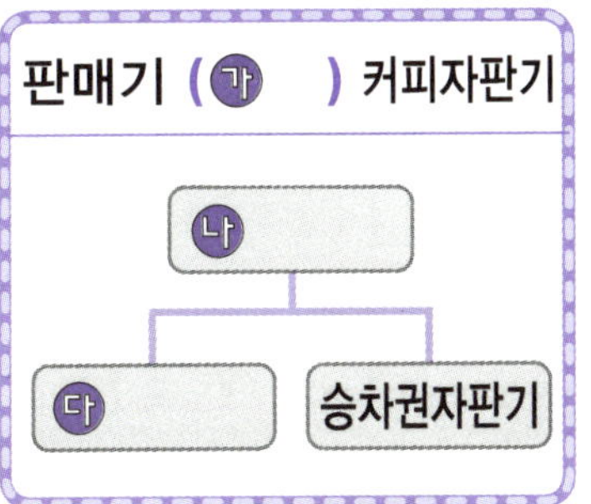

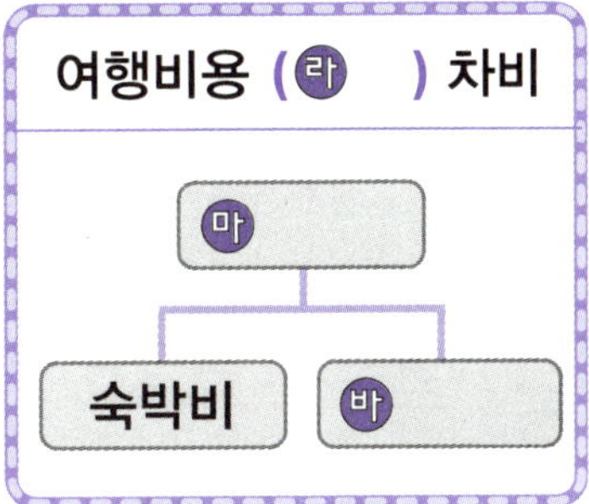

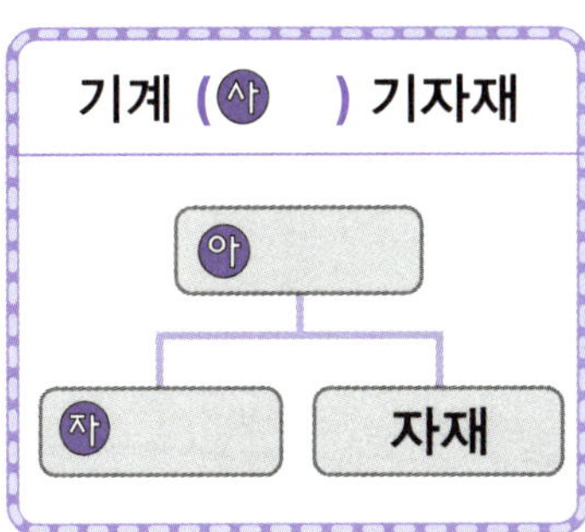

5 짝을 이루는 말 찾기

짝을 이루는 말을 찾아 동그라미 하고, 그 말의 뜻을 보기 에서 찾아 번호를 쓰세요.

문제 개수 **4** 개

맞은 개수 개

틀린 개수 개

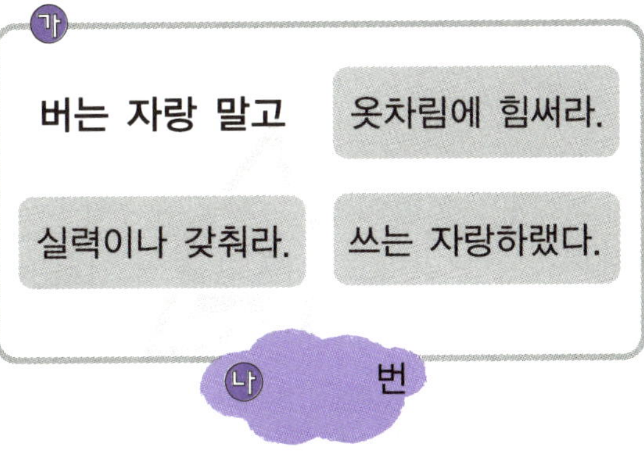

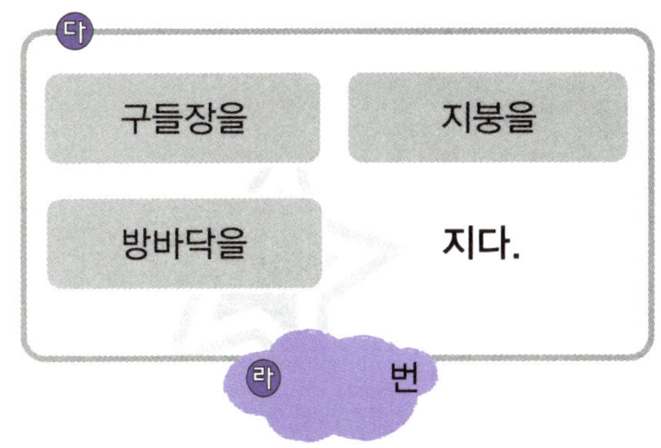

보기
① (속되게 이르는 말로) 구들방에 누워 있다.
② (비유적으로) 돈을 모으려면 저축을 잘해야 한다.

다음 ㉮~㉲ 의 ( )에 알맞은 낱말을 보기 에서 찾아 번호를 쓰고, ㉢ 의 질문에 답해 보세요.

㉮ 가뭄이 들자 ( )로 물을 퍼 올리는 농부들을 쉽게 찾아볼 수 있었다.

㉯ 학습 효과를 ( )하기 위해서는 자기에게 맞는 공부 방법을 찾는 것이 중요하다.

㉰ 중간 상인을 거치지 않고 농산물을 ( )에서 팔면서 농부들의 수입은 증가했다.

㉱ 공장은 생산을 위한 ( )를 갖추고 가동되었다.

㉲ '구들장을 지다.'는 어떤 경우에 쓰이는 말인지 써 보세요.

→ ______________________________________

보기 ① 직판장 ② 기자재 ③ 가계부 ④ 면밀함 ⑤ 용두레 ⑥ 화장지 ⑦ 극대화

총 문제 개수 32 개 | 총 맞은 개수 ◯ 개 | 총 틀린 개수 ◯ 개

'알파넷'이 무엇인지 아세요? '인터넷'의 맨 처음 이름이에요. 지금은 누구든지 인터넷을 통해 새로운 정보를 얻고, 음악을 듣고, 이메일을 주고받아요. 하지만 초기 인터넷이었던 '알파넷'은 아무나 이용할 수 없었어요. 왜냐하면 군사 기밀을 위해 만들어진 군사 정보 통신망이었거든요.

상상해 보세요. 인터넷이 계속 '알파넷'처럼 군사 기밀을 위해 쓰였다고 말이에요. 그랬다면 아마 생활의 편리함은커녕, 그로 인해 전쟁이 일어나 수많은 사람들이 목숨을 잃었을 수도 있답니다. 이처럼 과학 기술은 사람들이 그것을 어떻게 이용하느냐에 따라 약이 될 수도 있고 독이 될 수도 있답니다.

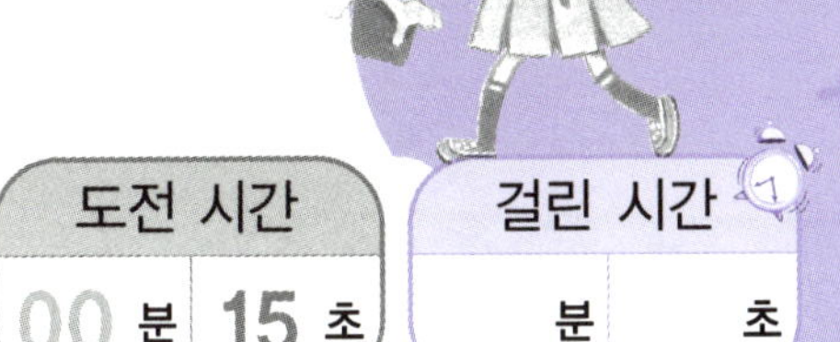

도전 시간	걸린 시간
00 분 15 초	분 초

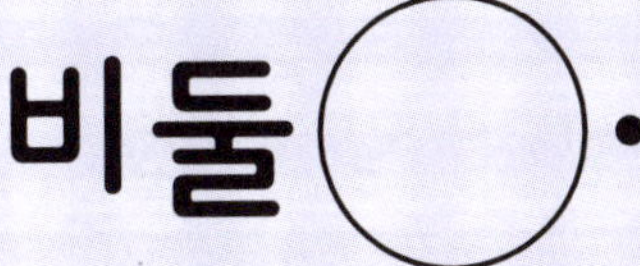

다음은 동물들의 이름이에요. 빈칸을 채워 보고, 같은 글자가 들어가는 동물들끼리 선을 이어보세요.

비둘◯ •   • ◯조

원숭◯ •   • ◯린

치◯ •   • 호랑◯

◯자 •   • ◯슴

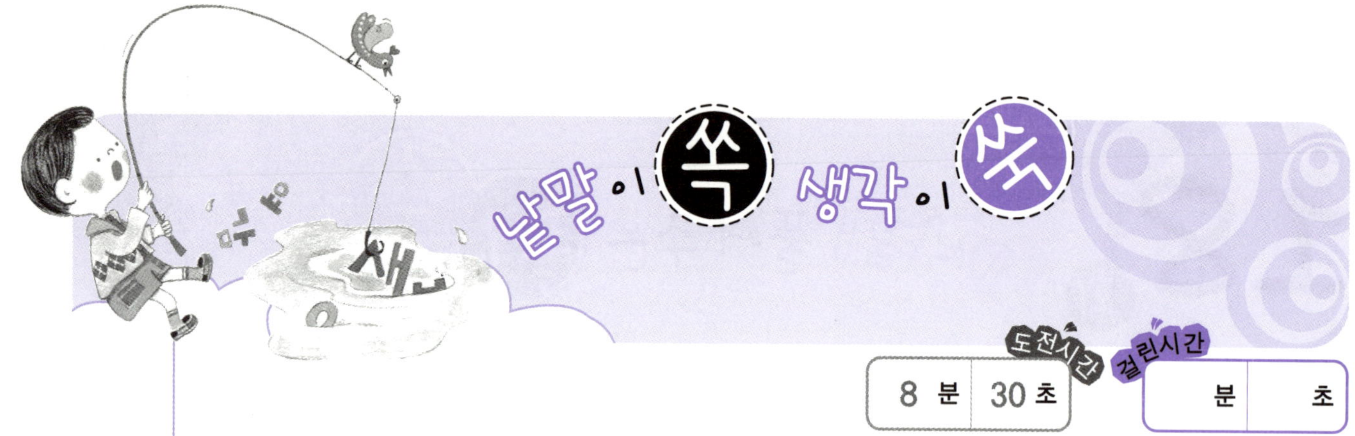

낱말이 쏙 생각이 쑥

도전시간	걸린시간
8 분 30 초	분 초

1 가로세로 낱말 찾기

다음 네모에서 알고 있는 낱말을 찾아 동그라미를 해 보세요.

여기서 찾은 낱말로 2~6번 문제를 풀어요!

안	보	의	식	민	지	총	리	착	취
도	입	부	★	방	충	망	향	제	뉘
국	바	늘	땀	위	족	하	다	스	우
방	르	봉	얗	재	기	본	권	처	치
력	다	듬	질	투	심	밀	접	하	다

내가 찾은 낱말 ( ) 개

2 낱말 뜻 알기

다음 설명이나 그림이 뜻하는 낱말이 무엇인지 빈칸을 채워 보세요.

문제 개수 8 개

맞은 개수 ( ) 개

틀린 개수 ( ) 개

가 외세의 침략이나 위협으로부터 국가의 안전을 지켜야 한다는 생각 ········ □□의식

나 국무총리의 준말, 또는 내각책임제의 국가에서 제일 높은 사람 ·· □□

다 바른말을 하는 데 거침이 없다. ········ □□□다

라 스스로 제 잘못을 깨닫고 마음속으로 가책을 느끼다. · □□□다

마

□□□

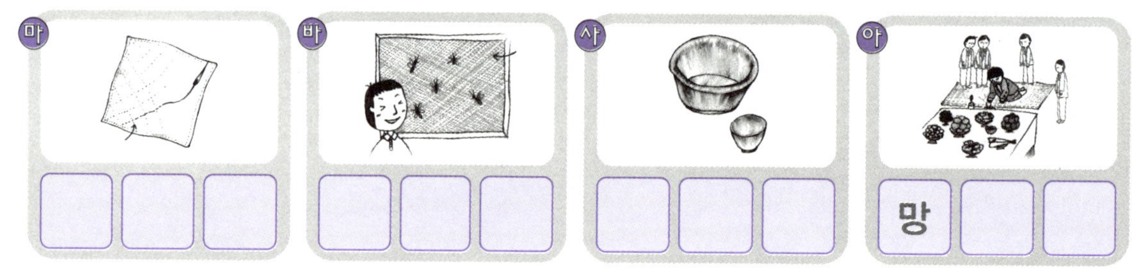

바

□□□

사

□□□

아

망□□

③ 비슷한 말 반대말 알기

문제 개수 6개

맞은 개수 □ 개

틀린 개수 □ 개

다음에서 비슷한 뜻끼리 짝지어진 것에는 '='로, 반대의 뜻끼리 짝지어진 것에는 '↔'로 나타내거나, 부호에 알맞게 낱말을 채워 보세요.

수탈	=	(가)
제스처	(나)	몸짓
족하다	(다)	부족하다

뉘우치다	(라)	반성하다
질투심	(마)	투기심
밀접하다	(바)	관계없다

④ 큰 말 작은 말 알기

문제 개수 9개

맞은 개수 □ 개

틀린 개수 □ 개

낱말의 포함 관계에 따라 '<' 또는 '>'로 나타내고, 그림의 위치에 알맞게 낱말을 넣어 보세요.

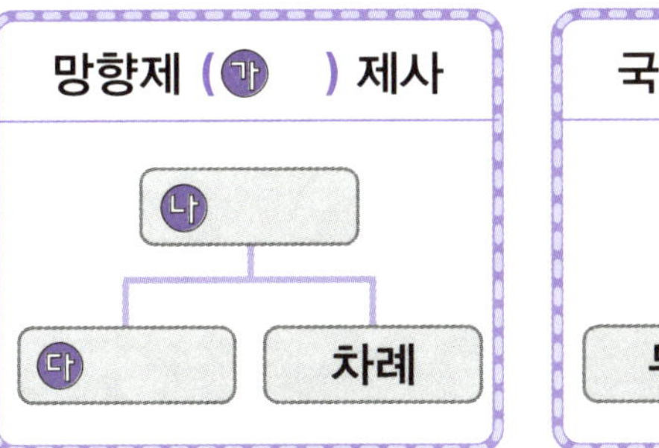

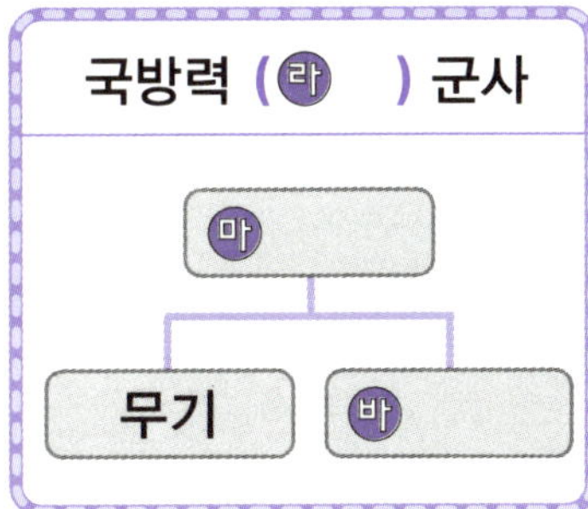

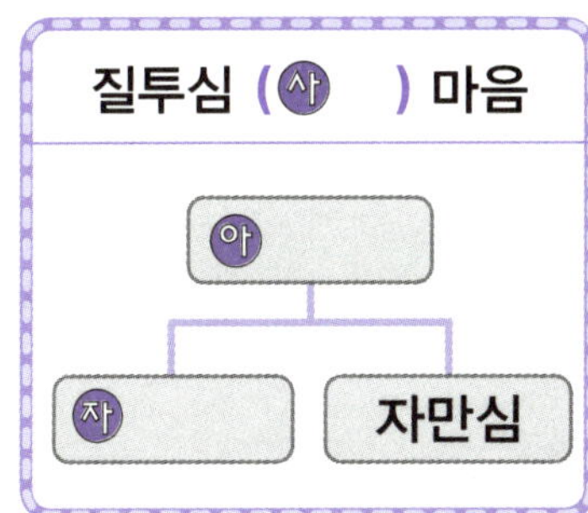

⑤ 짝을 이루는 말 찾기

문제 개수 4개

맞은 개수 □ 개

틀린 개수 □ 개

짝을 이루는 말을 찾아 동그라미 하고, 그 말의 뜻을 보기 에서 찾아 번호를 쓰세요.

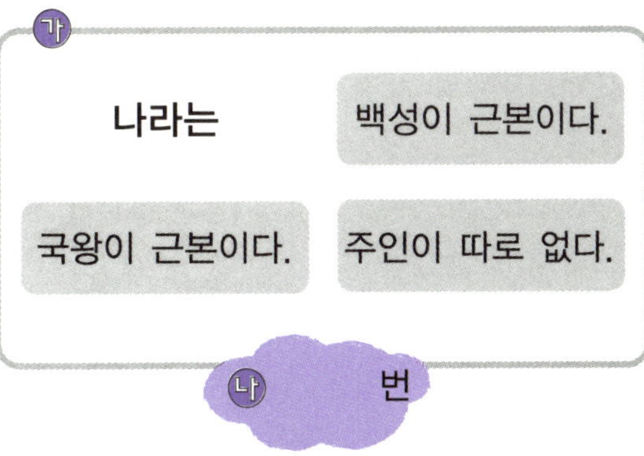

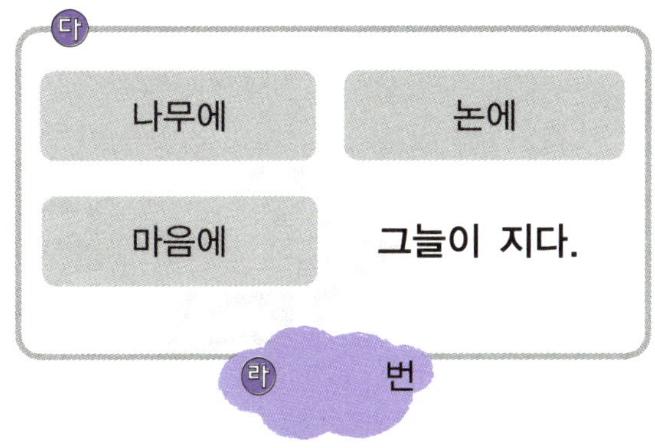

보기

① 백성이 나라를 이루는 가장 중요한 요소이다.

② 불행이나 근심이 있어 마음이 침울하다.

다음 **가**~**라**의 ( )에 알맞은 낱말을 **보기** 에서 찾아 번호를 쓰고, **마**의 질문에 답해 보세요.

가 일제 강점기, 일본은 전쟁을 위해 우리 국민의 재산을 ( )해 갔다.

나 경수는 잘못을 ( ) 새사람이 되었다.

다 국가와 국민은 바늘과 실처럼 ( ) 관련이 있다.

라 성품이 곧은 그는 곧잘 ( ) 소리를 하여 권력자들에게 미움을 받기도 하였다.

마 '족하다'를 넣어 짧은 글을 지어 보세요.

→ ____

보기 ① 착취 ② 입바른 ③ 뉘우치고 ④ 족하다 ⑤ 국방력 ⑥ 밀접한 ⑦ 처치

총 문제 개수 **32** 개 　 총 맞은 개수 ◯ 개 　 총 틀린 개수 ◯ 개

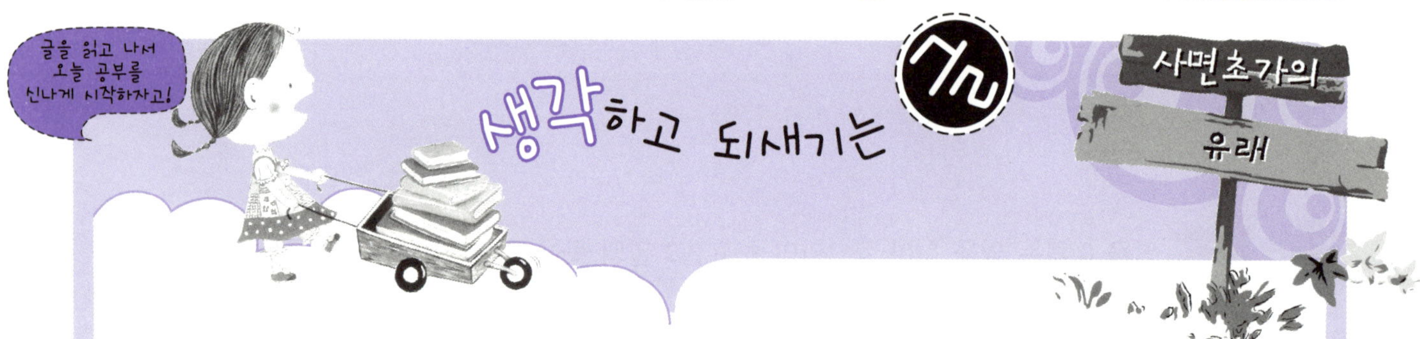

중국의 진나라가 망하자, 많은 장수들은 서로 천하를 차지하겠다며 다투었습니다. 그중 한나라의 유방과 초나라의 항우가 가장 유명했답니다.

항우는 자신의 세력을 너무 자만하다가, 그만 초나라의 유방에게 밀리게 되었습니다. 결국 항우는 해하라는 곳에서 한나라 군사에게 포위되고 말았습니다. 이때, 한나라의 장수 장양이 꾀를 내었습니다. 한나라 군사들을 시켜 밤마다 초나라 노래를 부르도록 한 것입니다.

매일 어두운 밤하늘을 보며 고향 노래를 듣던 초나라 병사들은 사기가 자꾸 떨어져만 갔습니다. 그러고는 고향 생각에 눈물을 흘리다 하나둘 도망치기 시작했습니다. 이를 알게 된 항우는 "한나라에게 망하다니!" 하고 소리치며, 스스로 목숨을 끊었다고 합니다. 한나라는 초나라 노래로 승리를 거두었고, 결국 유방이 천하를 다스리게 되었다고 합니다.

'사면초가(四面楚歌)'란 사면에서 초나라 노래가 들려온다는 뜻으로, 완전히 적에게 포위되어 고립된 상태 혹은 주위에 도움을 줄 사람이 전혀 없는 상태를 일컫는 말이랍니다.

머리 풀어 주는 퍼즐

도전 시간	걸린 시간
00 분 15 초	분 초

창의사고력 기초 다지기 정보처리능력 쑥~

대성이는 친구들과 농구 시합을 했어요. 대성이네 팀은 일곱 골을 넣어서 16점을 기록했어요. 그렇다면 2점 슛과 3점 슛을 각각 몇 개씩 넣었을까요?

2점 슛 :

3점 슛 :

1 가로세로 낱말 찾기

다음 네모에서 알고 있는 낱말을 찾아 동그라미를 해 보세요.

태	평	성	대	냅	얼	호	리	호	리
받	아	넘	기	다	떨	떠	름	하	다
일	렁	이	다	식	결	메	주	어	참
대	장	부	말	판	에	다	얼	레	빗
기	호	품	법	석	거	리	다	미	★

내가 찾은 낱말 ___ 개

2 낱말 뜻 알기

다음 설명이나 그림이 뜻하는 낱말이 무엇인지 빈칸을 채워 보세요.

문제 개수 8 개

맞은 개수 ___ 개

틀린 개수 ___ 개

가 어진 임금이 잘 다스리어 태평한 세상이나 시대 ····· ☐ ☐ ☐ ☐

나 떫은 맛이 있다. 또는 마음이 내키지 않는 데가 있다.
··· ☐ ☐ 하 다

다 뜻밖이거나 너무 복잡하여 정신을 가다듬지 못하는 판에 ☐ ☐ 에

라 소란스럽게 자꾸 떠들다. ·························· ☐ ☐ 리 다

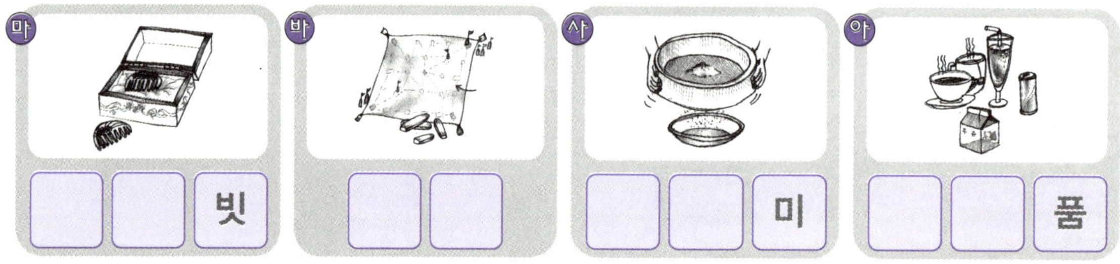

마 ☐ ☐ 빗

바 ☐ ☐

사 ☐ ☐ 미

아 ☐ ☐ 품

3. 비슷한 말 반대말 알기

다음에서 비슷한 뜻끼리 짝지어진 것에는 '='로, 반대의 뜻끼리 짝지어진 것에는 '↔'로 나타내거나, 부호에 알맞게 낱말을 채워 보세요.

문제 개수 6 개

맞은 개수 ☁ 개

틀린 개수 ☁ 개

참빗	↔	(㉮)
태평성대	(㉯)	태평천하
냅다	(㉰)	천천히

떨떠름하다	(㉱)	흔쾌하다
법석거리다	(㉲)	조용하다
호리호리	(㉳)	투실투실

4. 큰 말 작은 말 알기

낱말의 포함 관계에 따라 '<' 또는 '>'로 나타내고, 그림의 위치에 알맞게 낱말을 넣어 보세요.

문제 개수 9 개

맞은 개수 ☁ 개

틀린 개수 ☁ 개

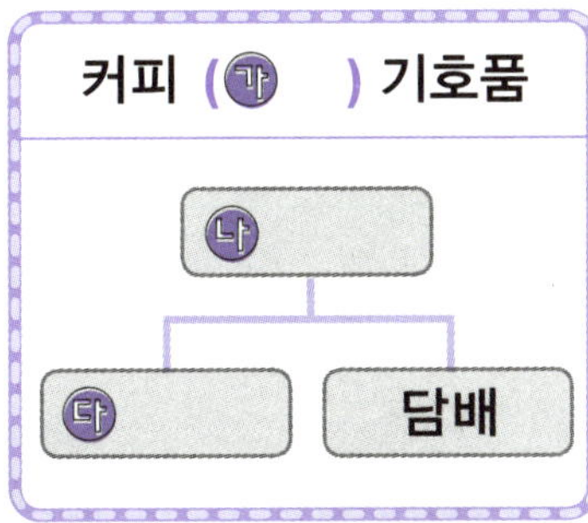

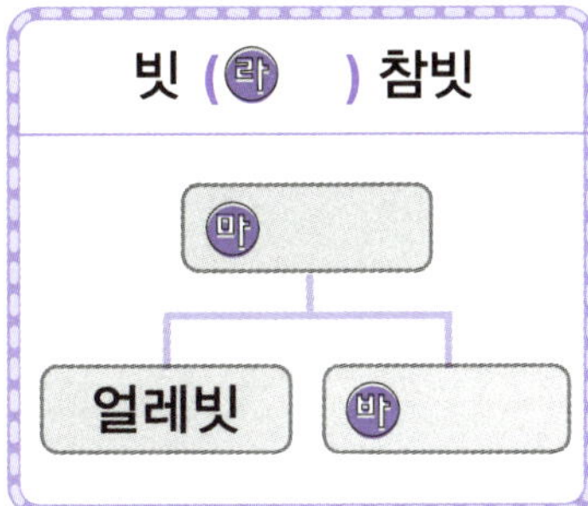

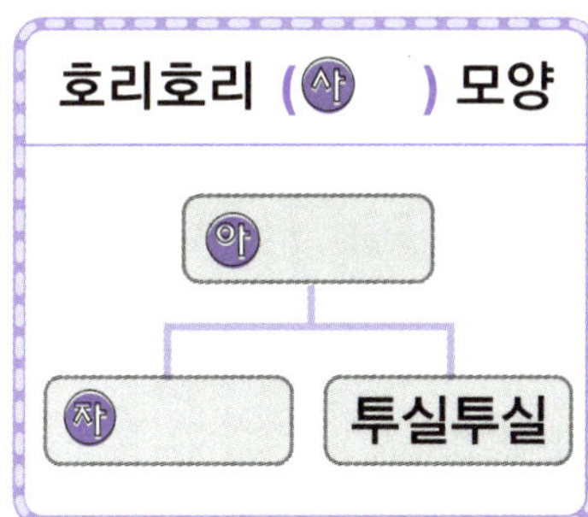

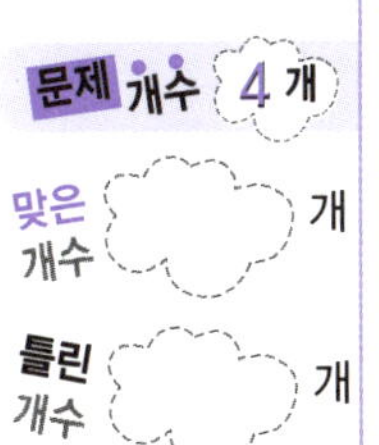

5. 짝을 이루는 말 찾기

짝을 이루는 말을 찾아 동그라미 하고, 그 말의 뜻을 보기 에서 찾아 번호를 쓰세요.

문제 개수 4 개

맞은 개수 ☁ 개

틀린 개수 ☁ 개

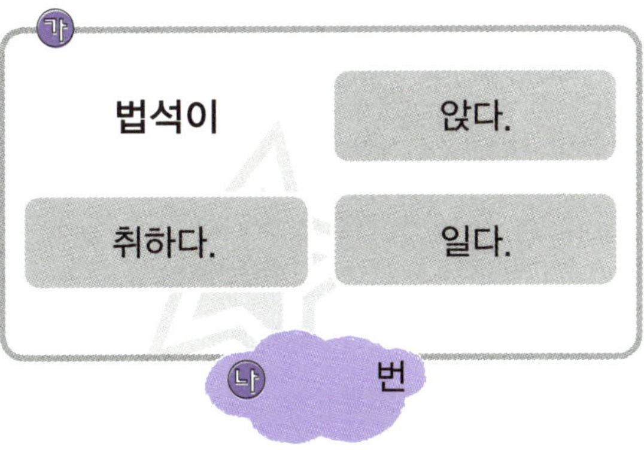

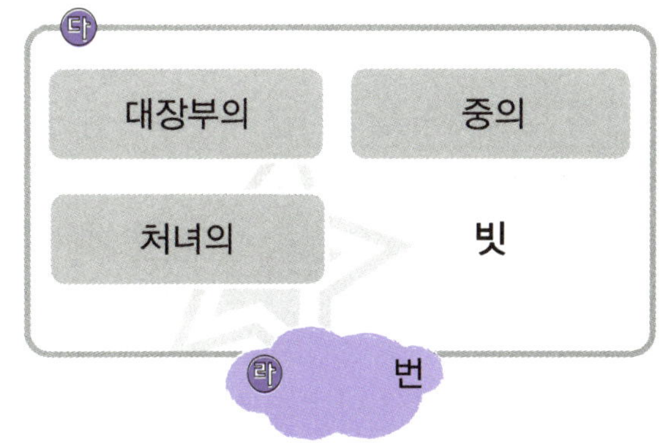

보기

① (비유적으로) 어떤 물건이 소용없거나 쓸데없어지다.

② 소란스럽게 떠드는 현상이 생기다.

다음 ㉮~㉭ 의 ( )에 알맞은 낱말을 보기 에서 찾아 번호를 쓰고, ㉫ 의 질문에 답해 보세요.

㉮ 아버지가 피자를 사왔다는 말에 동생이 현관으로 ( ) 뛰어나갔다.

㉯ 선생님이 잠시 나간 틈을 타서 아이들은 ( ) 있었다.

㉰ 나라에 충신이 많고 임금이 정치를 잘하여 ( )가 계속되고 있었다.

㉱ 시집온 새색시는 ( )으로 곱게 머리를 빗고 나왔다.

㉲ '떨떠름하다'를 넣어 짧은 글을 지어 보세요.

→

보기 ① 태평성대 ② 떨떠름한 ③ 법석거리고 ④ 참빗 ⑤ 냅다 ⑥ 얼떨결에 ⑦ 기호품

총 문제 개수 (32) 개 │ 총 맞은 개수 ( ) 개 │ 총 틀린 개수 ( ) 개

학년이 높아질수록 수학이 어렵게 느껴질 거예요. 그럼 아래 비법을 따라해 보세요. 아마 수학 성적이 쑥쑥 올라갈 거예요.

첫째, 하루에 세 문제씩 푼다.

자신의 수준에 맞는 문제집을 골라서 하루에 세 문제씩만 푸세요. 겨우 세 문제라고 얕보지 마세요. 가랑비에 옷이 젖는다는 속담을 떠올리세요.

둘째, 기본을 충실히 지킨다.

각 단원에서 나오는 기본 공식과 용어, 기본 문제를 집중적으로 공부하세요. 기본이 튼튼해야 어려운 문제들도 쉽게 풀 수 있답니다.

셋째, 생활과 연결한다.

수학을 교과서에만 가두지 말고 생활과 연결 지어 보세요. 지하철 노선도에서 비슷한 도형을 찾아낼 수도 있으니까요.

20회

머리 풀어 주는 퍼즐

도전 시간	걸린 시간
00 분 20 초	분 초

창의사고력 기초 다지기 계산능력 쑥~

대각선의 합이 모두 15가 되도록 빈칸을 채워 보세요.

도전시간 8 분 30 초   걸린시간   분   초

1 가로세로 낱말 찾기

다음 네모에서 알고 있는 낱말을 찾아 동그라미를 해 보세요.

살	림	살	이	푼	푼	이	기	입	장
고	신	동	목	돈	가	스	용	★	연
랭	탁	문	풍	지	시	등	고	선	료
지	송	서	로	★	환	전	주	거	비
예	금	답	부	조	금	현	명	하	다

내가 찾은 낱말 　　개

2 낱말 뜻 알기

다음 설명이나 그림이 뜻하는 낱말이 무엇인지 빈칸을 채워 보세요.

문제 개수 8 개

맞은 개수 　 개

틀린 개수 　 개

㉮ 살림을 사는 일. 또는 숟가락, 밥그릇, 이불 따위의 살림에 쓰는 세간 .... ☐ ☐ 살

㉯ 물음과는 전혀 상관없는 엉뚱한 대답 .... ☐ 문 답

㉰ 해발 600m 이상에 있는 높고 기온이 낮은 지역 .... ☐ ☐

㉱ 판단력이 좋고 세상 이치에 밝다. .... ☐ ☐ 하 다

㉲ 
☐ ☐ ☐

㉳ 
돈 ☐ ☐

㉴ 
☐ ☐ ☐

㉵ 
☐ ☐

3 비슷한 말 반대말 알기

다음에서 비슷한 뜻끼리 짝지어진 것에는 '='로, 반대의 뜻끼리 짝지어진 것에는 '↔'로 나타내거나, 부호에 알맞게 낱말을 채워 보세요.

푼돈	↔	(가)
고랭지	(나)	한랭지
신탁	(다)	위탁

부조금	(라)	부좃돈
돈가스	(마)	포크커틀릿
문풍지	(바)	풍지

4 큰 말 작은 말 알기

낱말의 포함 관계에 따라 '<' 또는 '>'로 나타내고, 그림의 위치에 알맞게 낱말을 넣어 보세요.

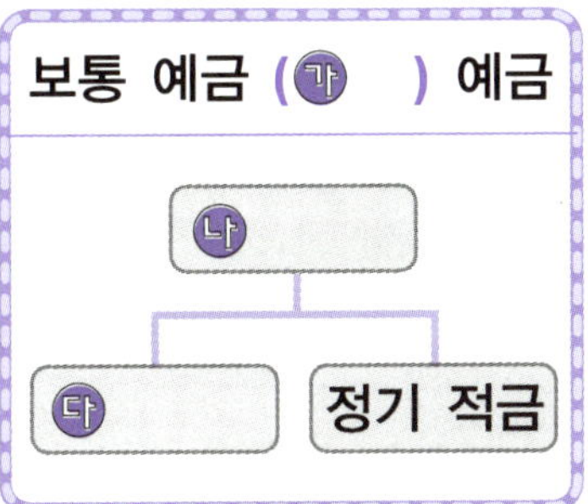

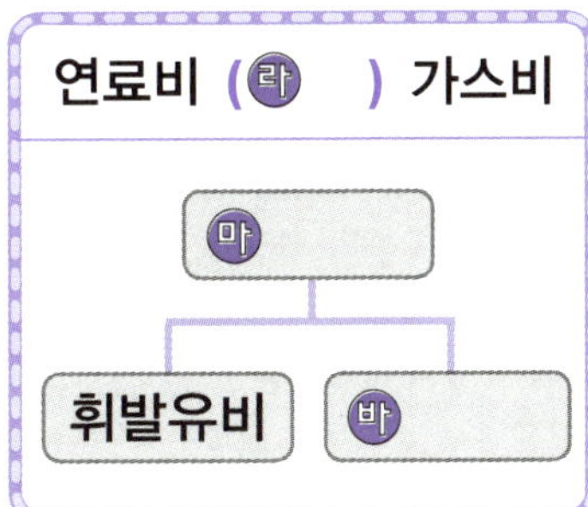

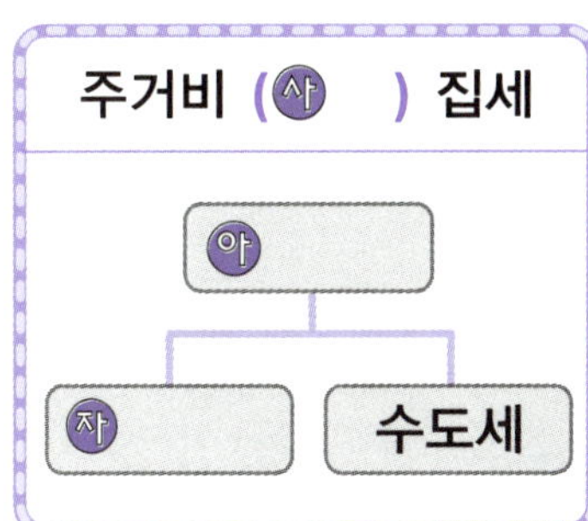

5 짝을 이루는 말 찾기

짝을 이루는 말을 찾아 동그라미 하고, 그 말의 뜻을 보기 에서 찾아 번호를 쓰세요.

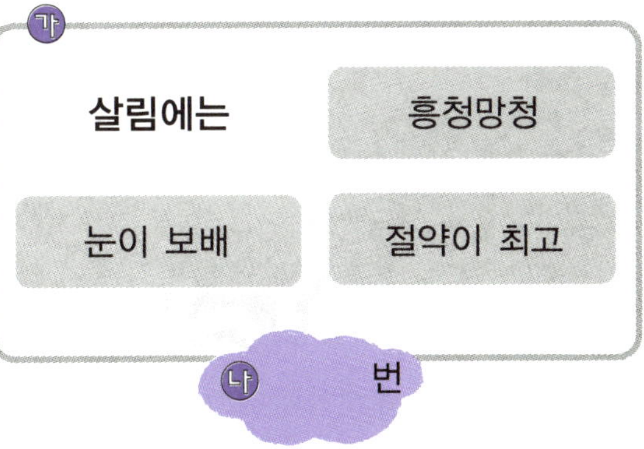

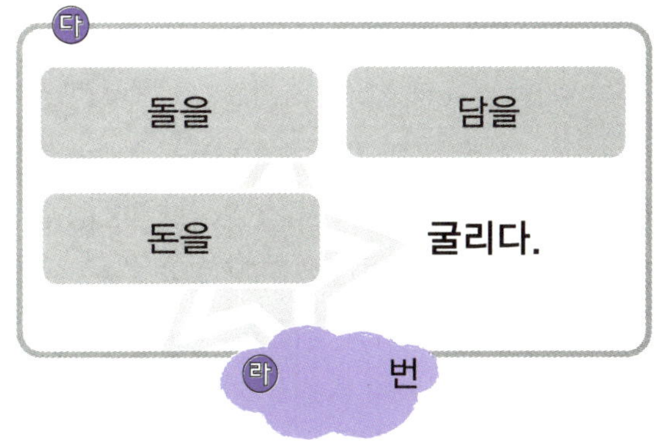

보기
① 돈을 여기저기 빌려 주어 이익을 늘리다.
② 살림에는 낱낱이 살펴 보살피는 것이 제일이다.

다음 ㉮ ~ ㉣ 의 ( )에 알맞은 낱말을 보기 에서 찾아 번호를 쓰고, ㉤ 의 질문에 답해 보세요.

문제 개수 5 개

맞은 개수 ___ 개

틀린 개수 ___ 개

㉮ ( ) 소비자라면 물건의 모양보다는 품질을 보고 선택한다.

㉯ 겨울이 다가오자 새로 ( )를 바르고 겨울 채비를 하였다.

㉰ 엄마는 인터넷뱅킹을 이용해 학원비를 ( )하신다.

㉱ 짝에게 형제가 몇이냐고 물었더니 특기는 미술이란다. 정말 ( )이다.

㉲ '살림살이'를 넣어 짧은 글을 지어 보세요.

→

보기 ① 살림살이 ② 동문서답 ③ 고랭지 ④ 현명한 ⑤ 문종이 ⑥ 송금 ⑦ 예금

총 문제 개수 32 개 | 총 맞은 개수 ◯ 개 | 총 틀린 개수 ◯ 개

커져라! 커져라! 늘어난다! 늘어난다!

비밀의 마법이냐고요? 맞아요. 대형 마트 매출을 늘리는 마법 주문이랍니다.

대형 마트에 가면 쇼핑 카트가 있습니다. 소비자는 손에 무거운 물건을 들고 다니지 않아도 되니까 편리하지요. 하지만 때로는 이 편리함이 더 많은 소비를 불러일으키기도 해요. 사람이라면 누구나 쇼핑 카트를 꽉 채우고 싶은 심리가 있답니다. 따라서 쇼핑 카트가 커질수록 소비자들은 더 많은 물건을 채우게 되는 거지요. 대형 마트 입장에서는 매출액이 늘어나서 좋지만, 소비자 입장에서는 지출이 늘어나는 거랍니다. 실제로 대형 마트들은 쇼핑 카트의 부피를 130~150리터에서 180리터로 늘리기도 했답니다. 편리함을 가장하여 숨겨 놓은 진실을 알았으니, 꼭 쇼핑 목록을 적어 가세요.

머리 풀어 주는 퍼즐

도전 시간	걸린 시간
00 분 30 초	분 초

창의사고력 기초 다지기 주의집중력 쓱~

여러 가지 글자들이 섞여 있어요. 이 중에 과일 이름이 들어 있는데, 무엇일까요?

자
사
굼
과
청
앙
랑

도전시간 8 분 30 초

걸린시간 분 초

1 가로세로 낱말 찾기

다음 네모에서 알고 있는 낱말을 찾아 동그라미를 해 보세요.

여기서 찾은 낱말로 2~6번 문제를 풀어요!

능	청	파	상	풍	★	길	섶	도	랑
야	패	랭	이	기	주	의	리	하	다
무	기	한	두	발	견	본	인	력	거
지	팡	이	레	하	집	게	손	가	락
다	주	렁	박	다	★	달	개	비	★

내가 찾은 낱말 ⬭ 개

2 낱말 뜻 알기

다음 설명이나 그림이 뜻하는 낱말이 무엇인지 빈칸을 채워 보세요.

문제 개수 8 개

맞은 개수 ⬭ 개

틀린 개수 ⬭ 개

㉮ 엉큼한 속 마음을 숨기고 겉으로는 천연스럽게 행동하는 태도 ⋯ ☐ ☐

㉯ 살갗에 생긴 상처에 균이 들어가 몸이 떨리고 열이 심하게 나는 병
⋯⋯⋯⋯⋯⋯⋯⋯⋯⋯⋯⋯ ☐ ☐ 풍

㉰ 다른 사람을 생각하지 않고 자신의 이익만을 추구하는 태도
⋯⋯⋯⋯⋯⋯⋯⋯⋯⋯⋯⋯ ☐ ☐ ☐

㉱ 유달리 재치가 뛰어나다. ⋯⋯⋯⋯⋯⋯⋯ ☐ ☐ 하 다

㉲ ☐ ☐ 이

㉳ ☐ ☐ 쑥

㉴ ☐ ☐

㉵ ☐ 손 가 락

3 비슷한 말 반대말 알기

다음에서 비슷한 뜻끼리 짝지어진 것에는 '＝'로, 반대의 뜻끼리 짝지어진 것에는 '↔'로 나타내거나, 부호에 알맞게 낱말을 채워 보세요.

머리털	＝	(가)
이기주의	(나)	이타주의
단장	(다)	지팡이

무기한	(라)	기한
야무지다	(마)	무르다
도랑	(바)	개울

4 큰 말 작은 말 알기

낱말의 포함 관계에 따라 '＜' 또는 '＞'로 나타내고, 그림의 위치에 알맞게 낱말을 넣어 보세요.

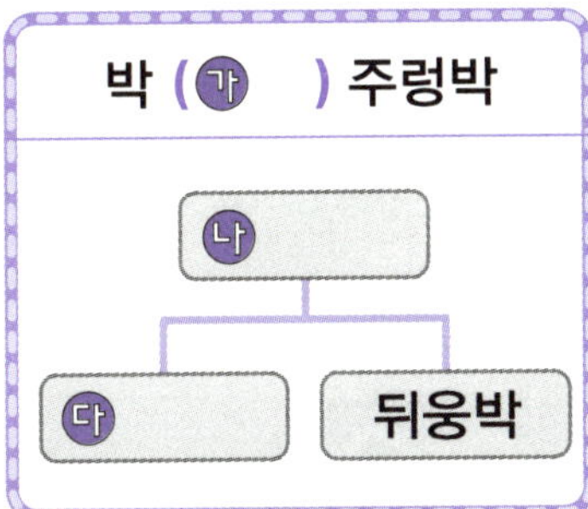

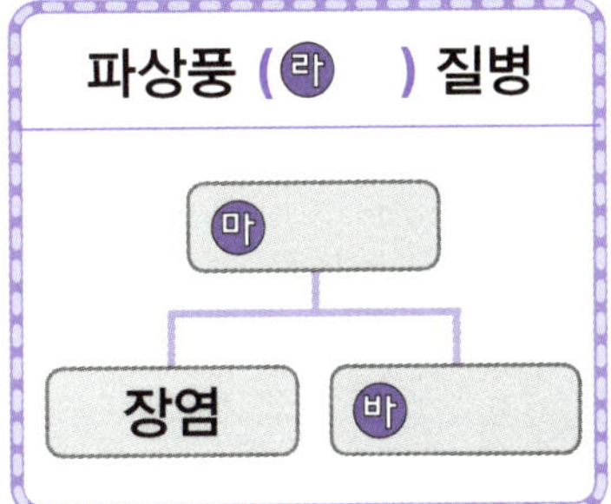

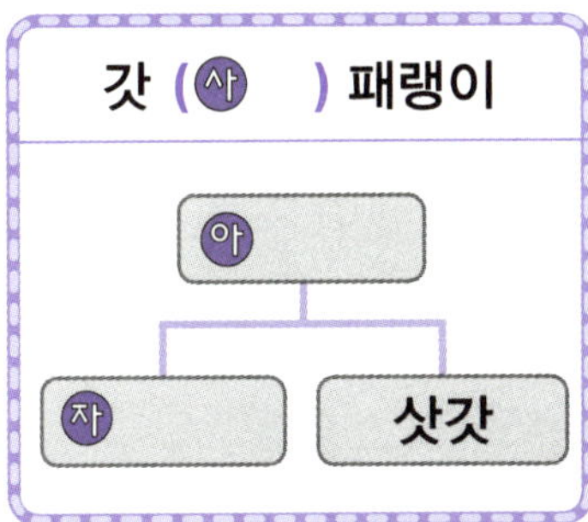

5 짝을 이루는 말 찾기

짝을 이루는 말을 찾아 동그라미 하고, 그 말의 뜻을 보기 에서 찾아 번호를 쓰세요.

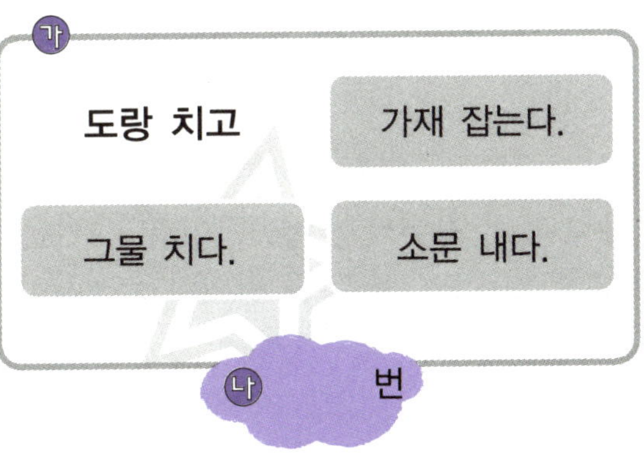

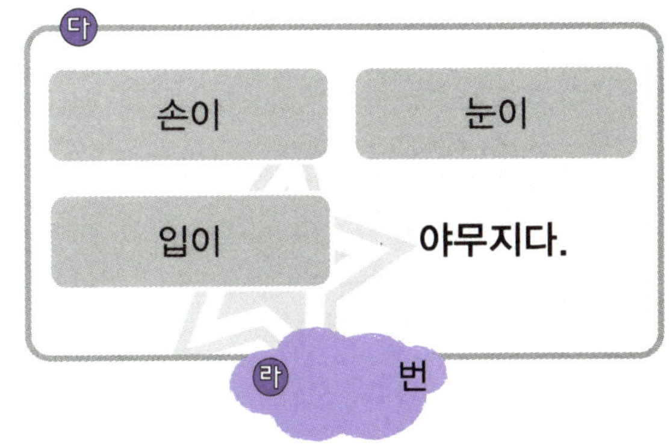

보기
① (비유적으로) 한 가지 일로 두 가지 이익을 보다.
② 말이 분명하고 실속이 있다.

다음 가 ~ 라 의 ( )에 알맞은 낱말을 보기 에서 찾아 번호를 쓰고, 마 의 질문에 답해 보세요.

문제 개수 5 개

맞은 개수 ⬭ 개

틀린 개수 ⬭ 개

가 범인을 잡을 수 없게 되자 주민들은 경찰에 사건 조사를 ( ).

나 바른 자세로 옳은 말만 하는 것을 보니 보통 ( )것이 아니었다.

다 좋아하는 반찬만 받고 싫은 반찬을 받지 않는 급식 태도도 ( )인 것이다.

라 전화기를 들고 다니겠다는 ( ) 생각이 오늘날의 핸드폰을 만들어 냈다.

마 '도랑 치고 가재 잡는다.'는 어떤 경우에 쓰는 말인지 써 보세요.

→ ____

보기 ① 능청 ② 이기적 ③ 의뢰했다 ④ 무기한 ⑤ 야무진 ⑥ 기발한 ⑦ 인력거

총 문제 개수 32 개 | 총 맞은 개수 ◯ 개 | 총 틀린 개수 ◯ 개

예나는 무척 기분이 좋았어요. 예나가 할머니를 위해 한 달 동안이나 조금씩 뜬 털목도리가 다 완성되었거든요. 엄마가 직장에 다니기 때문에, 어렸을 적부터 할머니가 예나를 돌봐 주셨어요. 예나는 뜨개질을 배우자마자, 제일 먼저 할머니가 떠올랐어요. 차가운 겨울 바람에 빨개진 할머니 코 말이에요. 예나는 보라색 털목도리를 두른 할머니를 생각하며, 마음이 뿌듯했답니다.

털목도리를 다 뜨고 난 뒤, 예나가 느낀 뿌듯한 마음이 '보람'이에요. '보람'이란 어떤 일을 하고 난 뒤에 느끼는 자랑스러움을 말해요. 여러분도 예나처럼 보람을 느껴 보세요. 친구와 놀고 싶은 것을 꾹 참고 숙제를 다 마친다든가, 먹고 싶은 것이 있어도 참고 돼지 저금통에 동전을 모아 보세요. '보람'은 거창한 일이 아닌, 사소한 일에서도 느낄 수 있답니다.

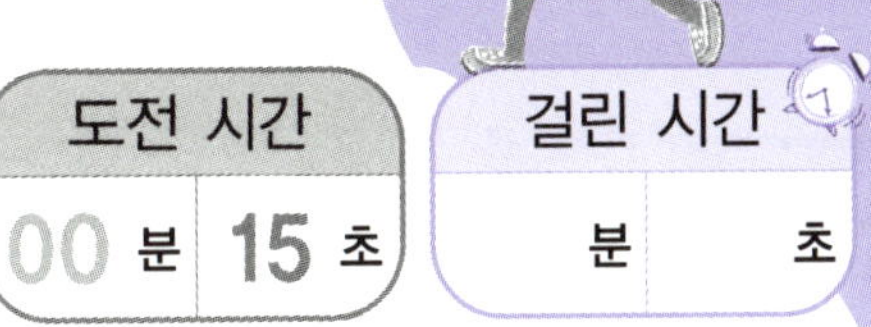

도전 시간	걸린 시간
00 분 15 초	분 초

 연상추리력 쑥~

철수는 여러 방향에서 우유 팩의 사진을 찍었어요. 보기 의 사진은 어느 방향에서 찍은 것일까요?

번

1 가로세로 낱말 찾기

다음 네모에서 알고 있는 낱말을 찾아 동그라미를 해 보세요.

윷	★	어	깨	춤	★	흥	겨	움	장
판	다	지	곧	잘	랑	잘	랑	동	난
정	이	간	은	공	참	록	전	대	스
승	빙	히	길	손	견	주	다	문	럽
불	쑥	대	머	리	배	신	명	나	다

내가 찾은 낱말   개

2 낱말 뜻 알기

다음 설명이나 그림이 뜻하는 낱말이 무엇인지 빈칸을 채워 보세요.

가 신이 나서 어깨를 위아래로 으쓱거리는 일 ……

나 작은 방울이나 얇은 쇠붙이 등이 흔들리거나 부딪쳐 내는 소리

다 어떠한 기준에 가깝게. 꽤 …… 히

라 머리카락이 마구 흐트러져 어지럽게 된 머리 …… 머 리

마 

바 동

사

야

3 비슷한 말 반대말 알기

다음에서 비슷한 뜻끼리 짝지어진 것에는 '='로, 반대의 뜻끼리 짝지어진 것에는 '↔'로 나타내거나, 부호에 알맞게 낱말을 채워 보세요.

문제 개수 6 개

맞은 개수 □ 개

틀린 개수 □ 개

나그네	=	(가)		견주다	(라)	비교하다
곧잘	(나)	제법		곧은길	(마)	굽은길
판정승	(다)	판정패		동대문	(바)	흥인지문

4 큰 말 작은 말 알기

낱말의 포함 관계에 따라 '<' 또는 '>'로 나타내고, 그림의 위치에 알맞게 낱말을 넣어 보세요.

문제 개수 9 개

맞은 개수 □ 개

틀린 개수 □ 개

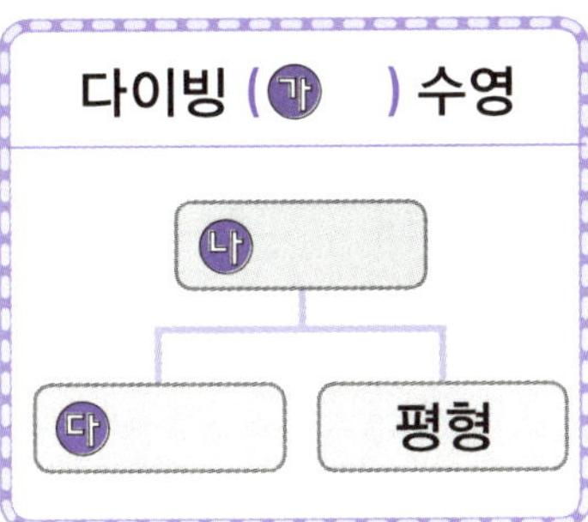

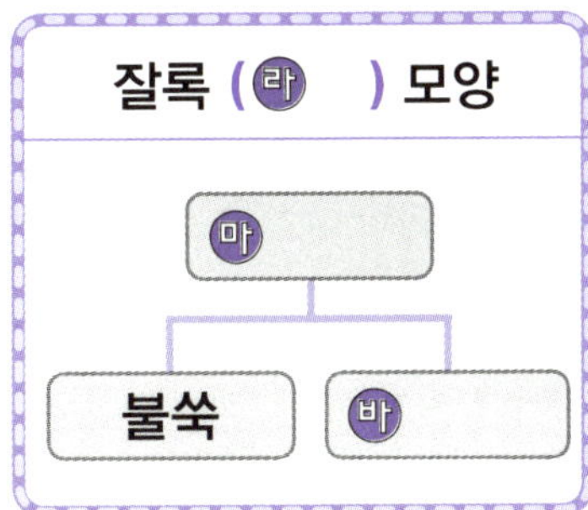

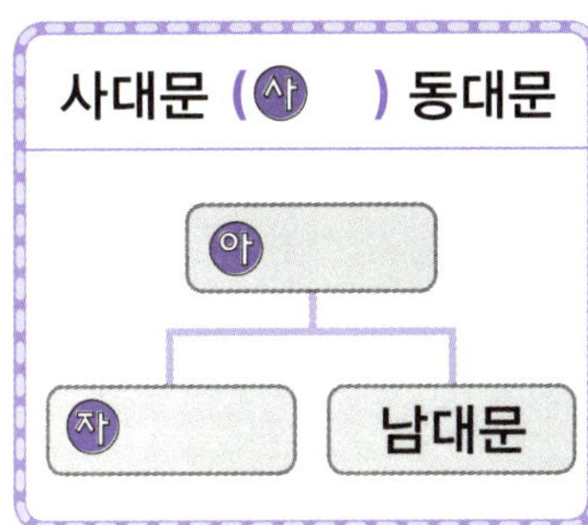

5 짝을 이루는 말 찾기

짝을 이루는 말을 찾아 동그라미 하고, 그 말의 뜻을 보기 에서 찾아 번호를 쓰세요.

문제 개수 4 개

맞은 개수 □ 개

틀린 개수 □ 개

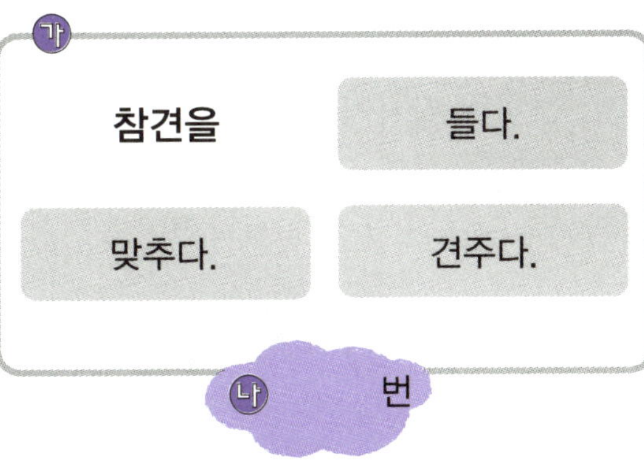

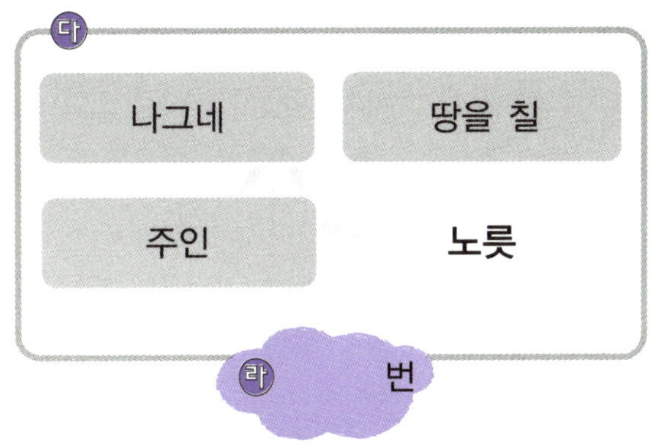

보기

① 떠돌이로 생활하면서 여기저기 신세 지며 살다.
② 남의 일이나 말에 간섭하여 나서다.

다음 가 ~ 라 의 ( )에 알맞은 낱말을 보기에서 찾아 번호를 쓰고, 마 의 질문에 답해 보세요.

가 뒤에 있던 돌쇠가 앞으로 ( ) 나서며 억울함을 호소했다.

나 오빠가 원하는 대학에 합격했다는 소식에 부모님은 ( )을 추었다.

다 주인장, 지나가는 ( )인데 하룻밤만 묵어 갈 수 있겠소?

라 뭔가 꿍꿍이가 있는 듯 방에서 나온 동생은 ( ) 웃었다.

마 '어지간히'를 넣어 짧은 글을 지어 보세요.

→

보기 ① 어깨춤 ② 장난스럽게 ③ 견주다 ④ 길손 ⑤ 신명나서 ⑥ 어지간히 ⑦ 불쑥

총 문제 개수 (32) 개 | 총 맞은 개수 ( ) 개 | 총 틀린 개수 ( ) 개

생각하고 되새기는

어떤 나그네가 홀로 산길을 걷고 있었어요. 그런데 갑자기 산속에서 호랑이가 나타났습니다. 나그네는 호랑이에게 잡혀먹힐까 봐 덜컥 겁이 났어요. 그래서 엉겁결에 호랑이 등 위에 올라타고 말았답니다. 그러자 호랑이도 깜짝 놀라 마구 달리기 시작했어요. 나그네가 자기 등에 오를 것이라고는 생각도 못했거든요.

'어허! 이를 어쩐다. 내리면 잡혀먹힐 것이 뻔하니 말이야. 에잇, 그냥 계속 등에 타고 있어야겠다.'

나그네는 더욱 세게 호랑이 등가죽을 붙잡았답니다.

호랑이 등에 올라탄 나그네처럼 호랑이에 올라탄 형세라는 뜻의 '기호지세(騎虎之勢)'라는 말은, 어떤 일을 중간에 멈출 수 없을 때에 쓴답니다.

23회

머리 풀어 주는 퍼즐

창의사고력 기초 다지기 판단능력 쑥~

다음 전자시계 중에서 고장난 시계는 무엇일까요?

❶ 

❷ 

❸ 

❹ 

번

1 가로세로 낱말 찾기

다음 네모에서 알고 있는 낱말을 찾아 동그라미를 해 보세요.

여기서 찾은 낱말로 2~6번 문제를 풀어요!

올	비	슬	비	슬	뒷	짐	모	씨	끔
찬	피	동	물	배	간	★	퉁	암	벅
임	자	수	동	돌	설	움	이	탉	끔
철	부	지	이	다	도	란	도	란	벅
렁	시	무	룩	하	다	엄	청	나	다

내가 찾은 낱말 ◯ 개

2 낱말 뜻 알기

다음 설명이나 그림이 뜻하는 낱말이 무엇인지 빈칸을 채워 보세요.

문제 개수 8 개

맞은 개수 ◯ 개

틀린 개수 ◯ 개

㉮ 허술한 데 없이 야무지고 기운찬 ·········· ☐ ☐

㉯ 큰 눈을 잠깐 감았다 떴다 하는 모양 ·········· ☐ ☐ ☐ ☐

㉰ 마음에 못마땅하여 말이 없고 얼굴에 언짢은 기색이 있다.

·········· ☐ ☐ 하 다

㉱ 한데 어울리지 아니하고 조금 동떨어져 행동하다. ······· ☐ ☐ 다

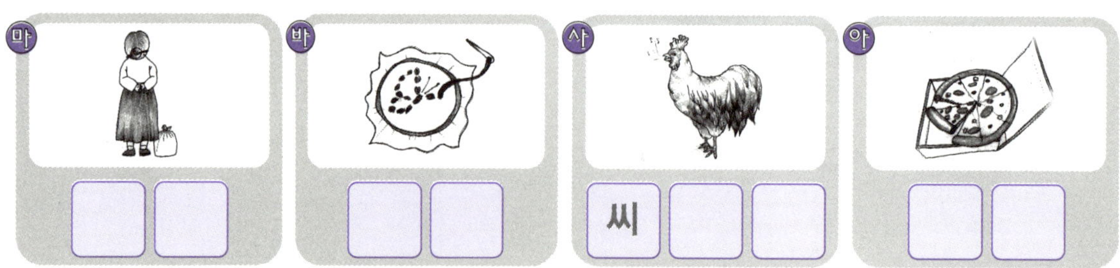

㉲ ☐ ☐

㉳ ☐ ☐

㉴ 씨 ☐ ☐

㉵ ☐ ☐

③ 비슷한 말 반대말 알기

다음에서 비슷한 뜻끼리 짝지어진 것에는 '='로, 반대의 뜻끼리 짝지어진 것에는 '↔'로 나타내거나, 부호에 알맞게 낱말을 채워 보세요.

문제 개수 **6** 개

맞은 개수 ◯ 개

틀린 개수 ◯ 개

주인	=	(가)
설움	(나)	행복
시무룩하다	(다)	부루퉁하다

엄청나다	(라)	대단하다
이룩	(마)	파괴
찬피동물	(바)	변온동물

④ 큰 말 작은 말 알기

낱말의 포함 관계에 따라 '<' 또는 '>'로 나타내고, 그림의 위치에 알맞게 낱말을 넣어 보세요.

문제 개수 **9** 개

맞은 개수 ◯ 개

틀린 개수 ◯ 개

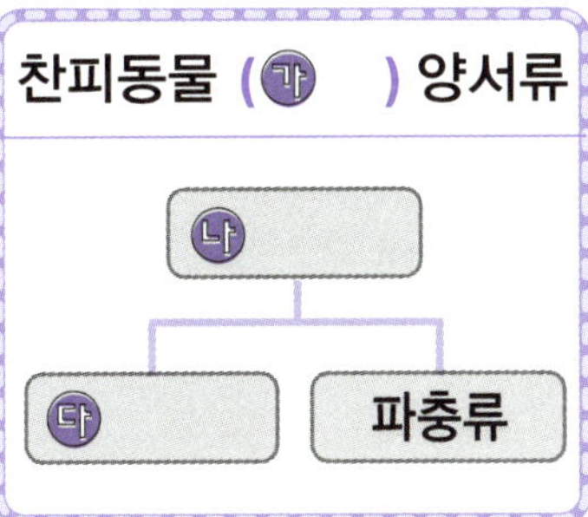

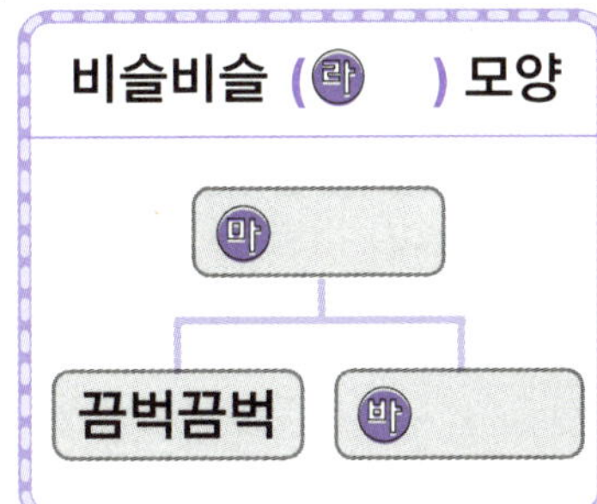

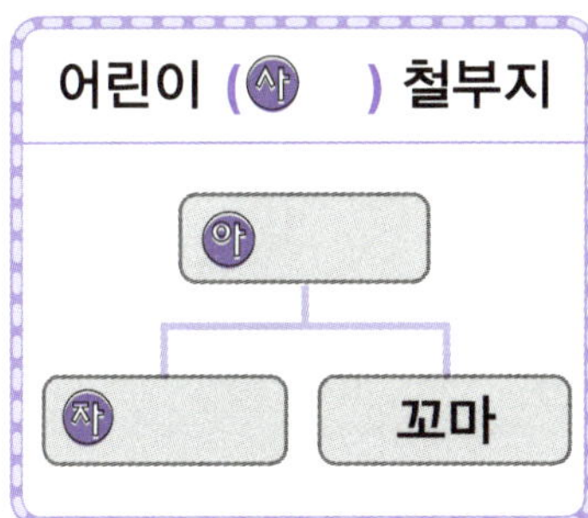

⑤ 짝을 이루는 말 찾기

짝을 이루는 말을 찾아 동그라미 하고, 그 말의 뜻을 보기 에서 찾아 번호를 쓰세요.

문제 개수 **4** 개

맞은 개수 ◯ 개

틀린 개수 ◯ 개

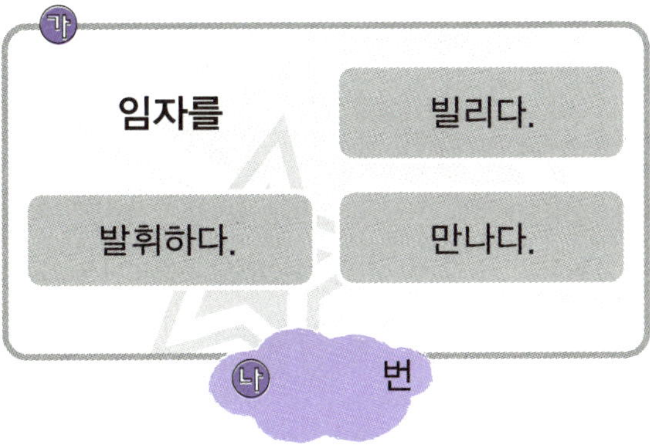

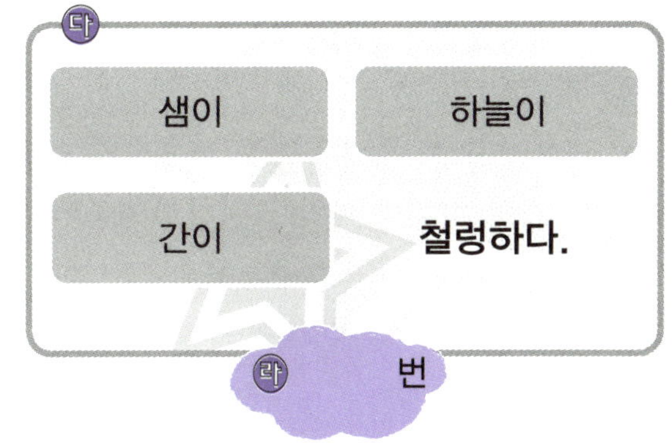

보기

① 사물이나 사람이 적임자와 연결되어 능력이나 기능을 제대로 발휘할 수 있게 되다.

② 몹시 놀라 충격을 받다.

다음 ㉮ ~ ㉣ 의 ( )에 알맞은 낱말을 보기에서 찾아 번호를 쓰고, ㉤ 의 질문에 답해 보세요.

㉮ 아이는 어른 앞에서도 당당히 제 할 말을 하는 ( ) 모습을 보였다.

㉯ 전학 온 아이는 친구들과 어울리지 못하고 밖으로만 ( ).

㉰ 아무리 찾아봐도 잃어버린 물건의 ( )를 찾을 수가 없었다.

㉱ 야단을 맞은 아이는 ( )한 표정으로 제자리로 돌아가 앉았다.

㉲ '도란도란'을 넣어 짧은 글을 지어 보세요.

→ ________________________________

보기 ① 올찬 ② 끔벅끔벅 ③ 시무룩한 ④ 배돌았다 ⑤ 뒷짐 ⑥ 도란도란 ⑦ 임자

총 문제 개수 32 개 | 총 맞은 개수 개 | 총 틀린 개수 개

공부를 할 때에는 많이 사용하는 왼쪽 뇌에 피로가 쌓입니다. 이럴 때에 클래식을 들으면 왼쪽 뇌의 피로가 싸악 풀린다고 합니다. 클래식 음악이 오른쪽 뇌에 영향을 미쳐 왼쪽 뇌의 피로를 풀어 준다고 하는군요. 또한 클래식을 들으면서 편안함을 느끼면 뇌에서는 알파파가, 신체에서는 엔도르핀이 분비됩니다. 알파파와 엔도르핀은 질병 예방뿐만이 아니라 기억력까지 높인답니다.

특히, 집중력에 클래식이 도움이 된다고 합니다. 4분의 3박자의 왈츠나 플루트 혹은 클라리넷과 같은 관악기 독주곡은 집중력을 높이는 데 큰 도움이 되는데, 쇼팽의 '왈츠 제1번', 멘델스존의 '봄의 노래'를 들으면서 공부를 해 보세요. 높아진 집중력 덕분에 어렵지 않게 공부를 할 수도 있으니까요.

머리 풀어 주는 퍼즐

도전 시간	걸린 시간
00 분 20 초	분 초

창의사고력 기초 다지기 정보처리능력 쑥~

탁자 위에 딸기, 초코, 바나나 우유가 한 개씩 있습니다. 대성, 승리, 태양이가 각각 우유 하나씩을 먹었다면 그중 바나나 우유를 먹은 사람은 누구일까요?

보기

ㄱ. 대성은 초코 우유를 먹지 않았다.

ㄴ. 승리는 딸기 우유 아니면 초코 우유를 먹었다.

ㄷ. 태양은 딸기 우유를 먹었다.

도전시간 8 분 30 초

걸린시간 분 초

1 가로세로 낱말 찾기

다음 네모에서 알고 있는 낱말을 찾아 동그라미를 해 보세요.

화	들	짝	짐	배	금	줄	외	양	간
부	여	태	짓	치	잔	잡	래	더	미
정	름	권	리	작	디	다	어	듬	신
자	새	도	복	대	롱	대	롱	이	★
격	투	기	★	다	★	말	끄	러	미

내가 찾은 낱말 ___ 개

2 낱말 뜻 알기

다음 설명이나 그림이 뜻하는 낱말이 무엇인지 빈칸을 채워 보세요.

문제 개수 8 개

맞은 개수 ___ 개

틀린 개수 ___ 개

가. 별안간 호들갑스럽게 펄쩍 뛸 듯이 놀라는 모양 ········ ☐☐☐

나. 몸을 한쪽으로 약간 배틀거리거나 가볍게 잘록거리며 계속 걷다.
·········· ☐☐ 대 다

다. 눈을 똑바로 뜨고 오도카니 한곳만 바라보는 모양 ··· ☐☐☐☐

라. 대강 짐작으로 헤아려 보다. ·········· ☐☐ 다

마.  ☐☐☐

바.  ☐☐ 이

사. 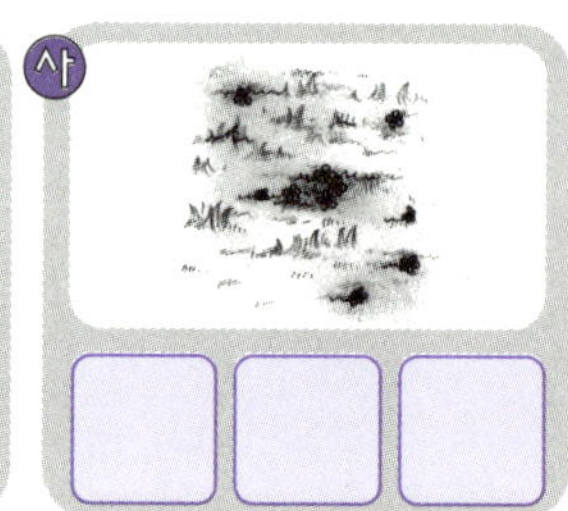 ☐☐☐

아.  ☐☐

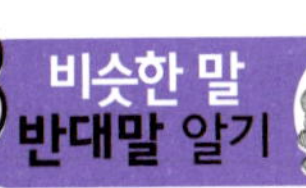

3 비슷한 말 반대말 알기

다음에서 비슷한 뜻끼리 짝지어진 것에는 '＝'로, 반대의 뜻끼리 짝지어진 것에는 '↔'로 나타내거나, 부호에 알맞게 낱말을 채워 보세요.

문제 개수 6 개

맞은 개수 ◯ 개
틀린 개수 ◯ 개

깜짝	＝	(가)
짐짓	(나)	일부러
여태	(다)	아직까지

권리	(라)	의무
부정	(마)	긍정
줄잡다	(바)	어림잡다

4 큰 말 작은 말 알기

낱말의 포함 관계에 따라 '＜' 또는 '＞'로 나타내고, 그림의 위치에 알맞게 낱말을 넣어 보세요.

문제 개수 9 개

맞은 개수 ◯ 개
틀린 개수 ◯ 개

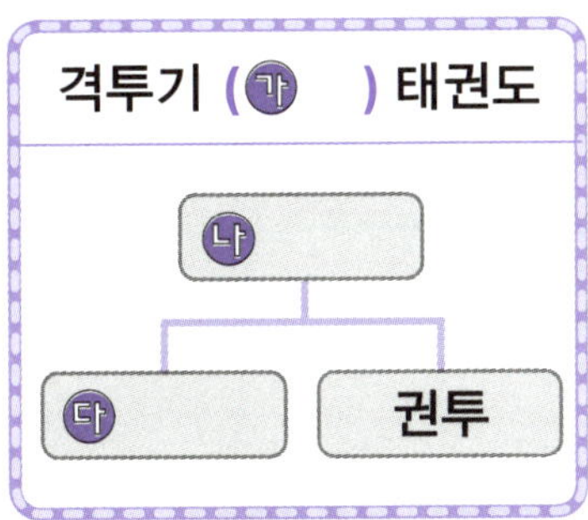

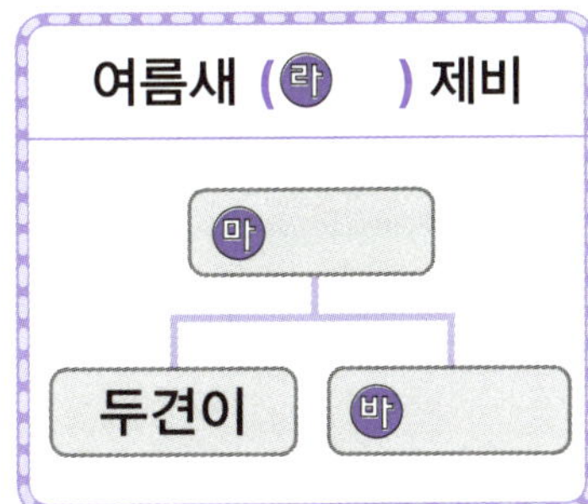

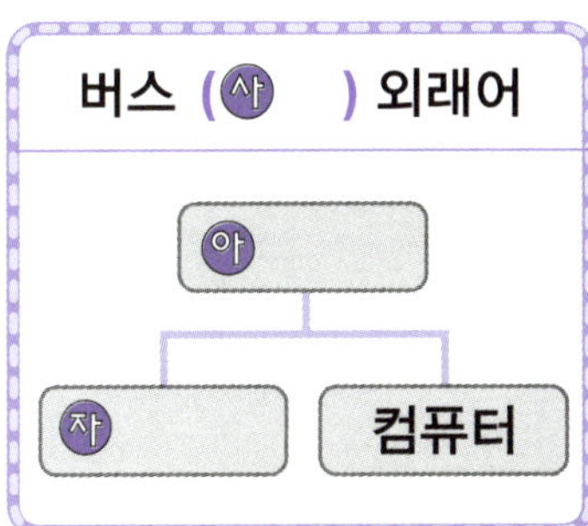

5 짝을 이루는 말 찾기

짝을 이루는 말을 찾아 동그라미 하고, 그 말의 뜻을 보기 에서 찾아 번호를 쓰세요.

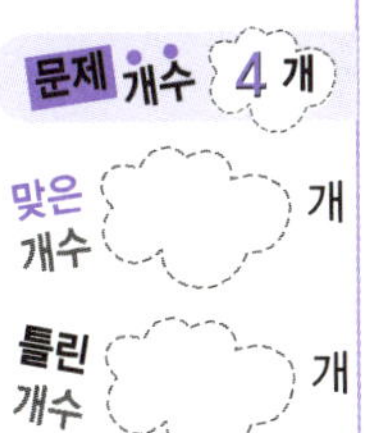

문제 개수 4 개

맞은 개수 ◯ 개
틀린 개수 ◯ 개

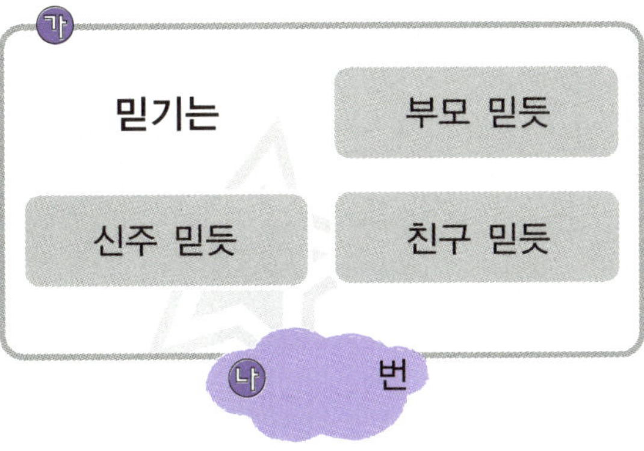

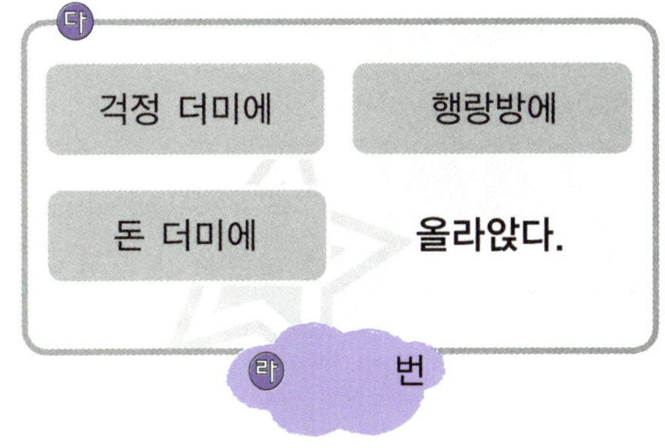

보기

① 갑자기 많은 돈을 벌어 부자가 되다.
② (비유적으로) 목적하는 바 없이 매우 굳게 믿고 있다.

107

다음 ㉮~㉣의 ( )에 알맞은 낱말을 보기에서 찾아 번호를 쓰고, ㉤의 질문에 답해 보세요.

문제 개수 5개

맞은 개수 ☐ 개

틀린 개수 ☐ 개

㉮ 몸이 불편한 삼룡이 아저씨가 (　　　) 걷는 모습이 멀리서도 선명하게 보였다.

㉯ 공연장에 들어오지 못한 사람이 (　　　) 500명은 되는 것 같았다.

㉰ 엄마 몰래 만화책을 보던 오빠가 방문이 열리자 (　　　) 놀랐다.

㉱ 아까 사 오라고 말한 두부를 (　　　) 안 사 온 거니?

㉲ '짐짓'을 넣어 짧은 글을 지어 보세요.

→ ____

보기 ① 화들짝　② 배치작대며　③ 말끄러미　④ 줄잡아　⑤ 여태　⑥ 짐짓　⑦ 미신

총 문제 개수 32 개 ┊ 총 맞은 개수 ◯ 개 ┊ 총 틀린 개수 ◯ 개

세계 최초의 동전은 누가 만들었을까요?

기원전 700년 전 중국인들이 만들었어요. 처음 만들어진 동전은 간단한 모양의 금속 동전이었답니다. 그리고 리디안 사람들도 은으로 동전을 만들어서 사용했어요. 이후, 로마와 그리스 사람들도 동전을 만들었답니다. 우리나라도 동전을 만들었어요. 건원중보는 고려시대에 만든 동전으로 지금도 전해내려고 있답니다.

이렇게 많은 나라에서 동전을 사용한 이유는 무얼까요? 운반이 쉽고, 오랫동안 변하지 않았기 때문입니다. 또한 교환에 따른 차이를 거슬러 줄 수 있기 때문에 많은 사람들이 동전을 믿고 사용했답니다.

머리 풀어 주는 퍼즐

도전 시간	걸린 시간
00 분 20 초	분 초

창의사고력 기초 다지기 계산능력 쑥~

보기의 문제를 계산하여 나온 답과 같은 수의 다리를 가진 동물을 골라 보세요.

보기

$$5 \times 3 - 7 = ?$$

❶

❷

❸

❹

번

도전시간 8 분 30 초 | 걸린시간 분 초

다음 네모에서 알고 있는 낱말을 찾아 동그라미를 해 보세요.

방	독	면	손	★	고	물	난	리	동
아	군	진	수	성	찬	란	하	다	댕
깨	말	땀	레	밥	볼	멘	소	리	이
비	댓	돌	십	상	역	도	감	★	치
연	장	아	찌	보	정	성	스	럽	다

내가 찾은 낱말 [ ] 개

다음 설명이나 그림이 뜻하는 낱말이 무엇인지 빈칸을 채워 보세요.

문제 개수 8 개

맞은 개수 [ ] 개

틀린 개수 [ ] 개

㉮ 푸짐하게 잘 차린 맛있는 음식 ········· [ ][ ][ ][ ]

㉯ 그러할 가능성이 아주 높은 것 ········· [ ][ ]

㉰ 매우 훌륭하거나 눈이 부시게 아름답다. ········· [ ][ ] 하 다

㉱ 무엇을 들어 힘껏 던지거나 하던 일을 그만둠. ·· [ ][ ] 치 다

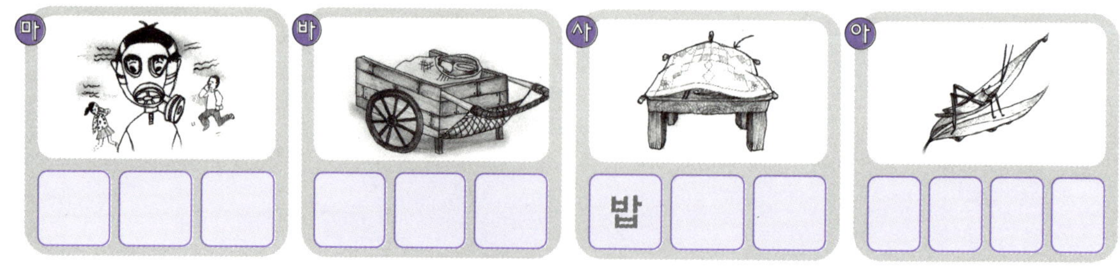

㉲ [ ][ ][ ]

㉳ [ ][ ][ ]

㉴ [ ] 밥

㉵ [ ][ ][ ]

3 비슷한 말 반대말 알기

다음에서 비슷한 뜻끼리 짝지어진 것에는 '='로, 반대의 뜻끼리 짝지어진 것에는 '↔'로 나타내거나, 부호에 알맞게 낱말을 채워 보세요.

적군	↔	(가)
수해	(나)	물난리
찬란하다	(다)	초라하다

십상	(라)	십중팔구
소감	(마)	감상
밥상보	(바)	밥보자기

4 큰 말 작은 말 알기

낱말의 포함 관계에 따라 '<' 또는 '>'로 나타내고, 그림의 위치에 알맞게 낱말을 넣어 보세요.

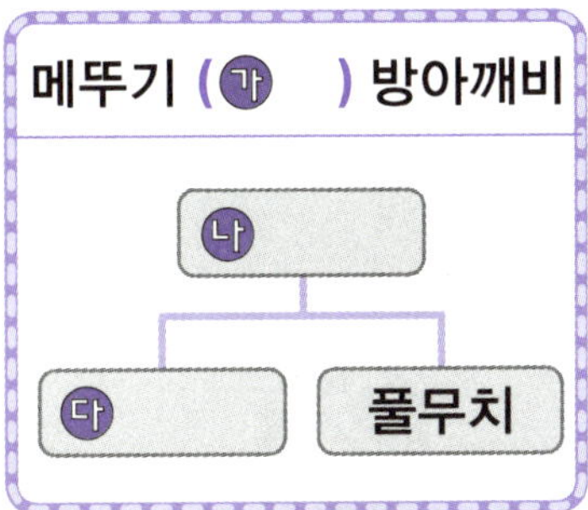

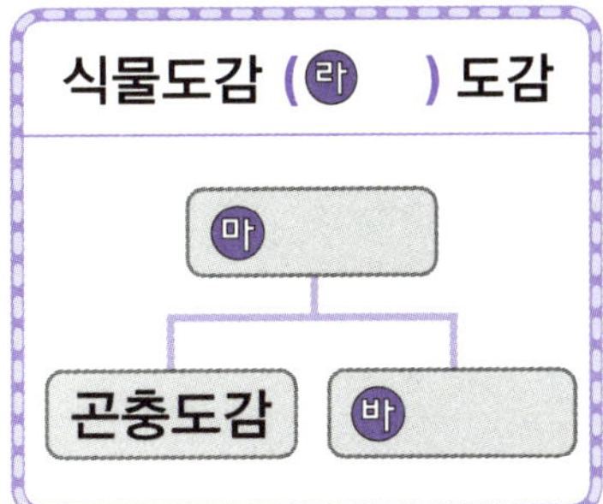

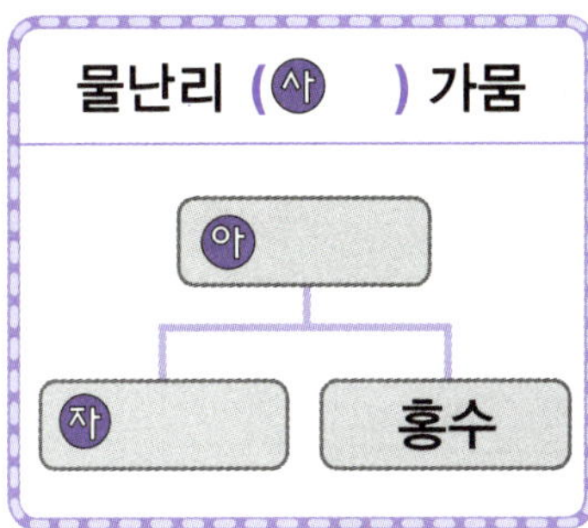

5 짝을 이루는 말 찾기

짝을 이루는 말을 찾아 동그라미 하고, 그 말의 뜻을 보기 에서 찾아 번호를 쓰세요.

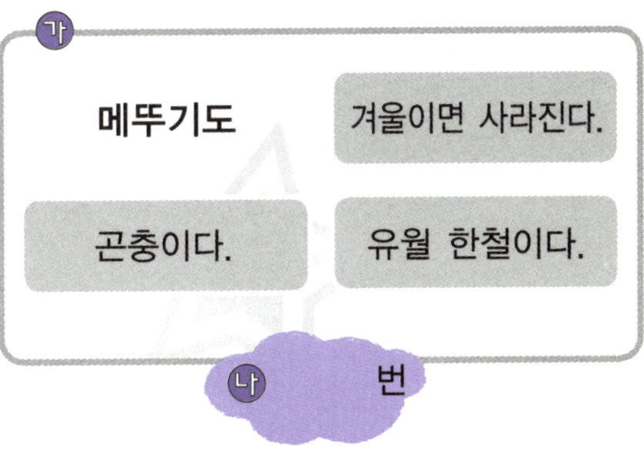

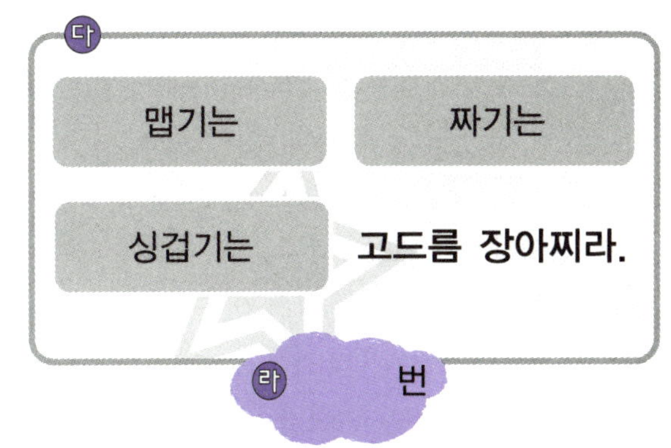

보기
① (비유적으로) 사람이 아주 멋없고 몹시 싱겁다.
② 제때를 만난 듯이 한창 날뛰나 전성기는 매우 짧다.

다음 가~라 의 ( )에 알맞은 낱말을 보기 에서 찾아 번호를 쓰고, 마 의 질문에 답해 보세요.

문제 개수 5 개

맞은 개수 ___ 개

틀린 개수 ___ 개

가 기상 변화로 인해 가뭄과 홍수 등의 (   )가 곳곳에서 일어나고 있다.

나 우리 조상들의 (   ) 문화 유산을 본 외국인들은 감탄을 멈추지 못했다.

다 오늘 저녁 밥상은 갈비에 잡채 등 그야말로 (   )이었다.

라 얼마나 급했으면 하던 일도 (   ) 채 그냥 나갔을까?

마 '메뚜기도 유월 한철이다.'는 어떤 경우에 쓰는 말인지 써 보세요.

→ ____

보기 ① 진수성찬 ② 십상 ③ 찬란한 ④ 동댕이친 ⑤ 아군 ⑥ 방독면 ⑦ 물난리

총 문제 개수 32 개 | 총 맞은 개수 ◯ 개 | 총 틀린 개수 ◯ 개

　제비꽃은 들꽃으로 우리나라의 산과 들에서 볼 수 있는 소박한 꽃이에요. 밝은 녹색 잎에 흰색, 노란색, 자주색 꽃이 핀답니다. 제비꽃의 어린잎은 먹기도 해요. 골등골나물도 때로는 꽃으로, 때로는 나물로 변신해요. 버들잎 모양의 잎에 올망졸망 여러 송이의 꽃이 피는데, 어린 순을 먹는답니다.

　들꽃은 약으로 변하기도 해요. 산기슭에서 자라는 구절초는 붉은색 또는 흰색 꽃이 피는데, 위장병을 치료하는 약으로 쓰인답니다. 검붉은 색의 꽃이 피는 오이풀의 뿌리는 피를 멈추는 지혈제로 쓰여요.

　소박하게 피는 들꽃들도 모두 제 몫의 일을 갖고 있답니다. 하물며 여러분은 들꽃보다도 세상을 더 아름답게 하는 소중한 존재예요. 자신을 소중히 여기세요. 그리고 자신감을 가지세요. 아무리 어려운 일도 척척 헤쳐나갈 수 있을 거랍니다.

머리 풀어 주는 퍼즐

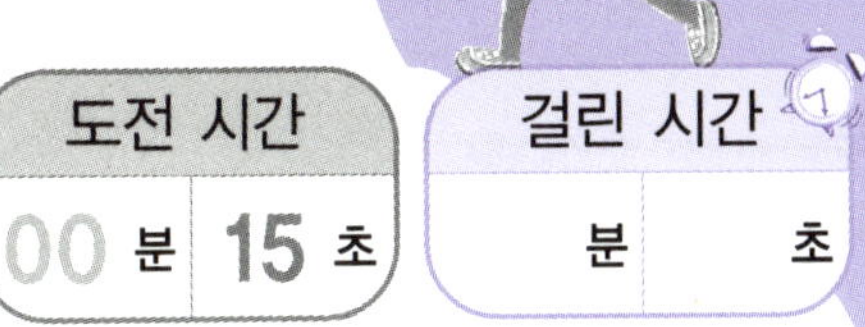

도전 시간	걸린 시간
00 분 15 초	분 초

창의사고력 기초 다지기 　주의집중력　쓱~

태연이는 음악 시간에 오선지에 악보 그리기를 했어요. 보기의 태연이가 그린 악보와 같은 악보를 찾아보세요.

보기

❶ 

❷ 

❸ 

❹ 

번

1 가로세로 낱말 찾기

다음 네모에서 알고 있는 낱말을 찾아 동그라미를 해 보세요.

갈	증	무	사	태	평	어	영	부	영
기	★	언	노	다	지	처	디	디	다
박	탈	극	략	슬	쩍	구	딜	자	율
차	순	풍	질	기	다	니	방	이	령
서	낭	당	분	감	연	달	아	너	★

내가 찾은 낱말 　 개

2 낱말 뜻 알기

다음 설명이나 그림이 뜻하는 낱말이 무엇인지 빈칸을 채워 보세요.

문제 개수 8 개

맞은 개수 　 개

틀린 개수 　 개

가 어떤 일이든지 편안하게 생각하여 근심 걱정이 없음 ·· 무 ☐ ☐ ☐

나 뚜렷하거나 적극적인 의지가 없이 되는대로 행동하는 모양 ········· ☐ 영 ☐ 영

다 손쉽게 많은 이익을 얻을 수 있는 일감 ········· ☐ ☐ 지

라 상상 밖의 엄청나게 큰 사람이나 사물 ········· ☐ ☐ 구 니

마 ☐ ☐

바 ☐ ☐ 극

사 ☐ ☐ 너

아 ☐ ☐ 당

3 비슷한 말 반대말 알기

다음에서 비슷한 뜻끼리 짝지어진 것에는 '='로, 반대의 뜻끼리 짝지어진 것에는 '↔'로 나타내거나, 부호에 알맞게 낱말을 채워 보세요.

문제 개수 6 개

맞은 개수 □ 개

틀린 개수 □ 개

갈급증	=	(가)		질기다	(라)	연하다
어영부영	(나)	대충		서낭당	(마)	국사당
순풍	(다)	맞바람		슬쩍	(바)	넌지시

4 큰 말 작은 말 알기

낱말의 포함 관계에 따라 '<' 또는 '>'로 나타내고, 그림의 위치에 알맞게 낱말을 넣어 보세요.

문제 개수 9 개

맞은 개수 □ 개

틀린 개수 □ 개

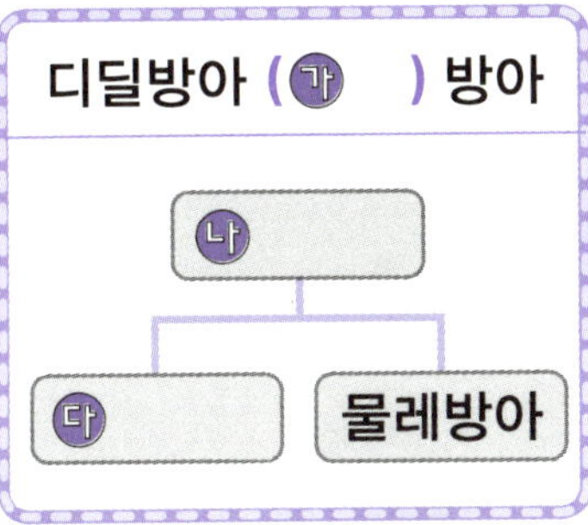

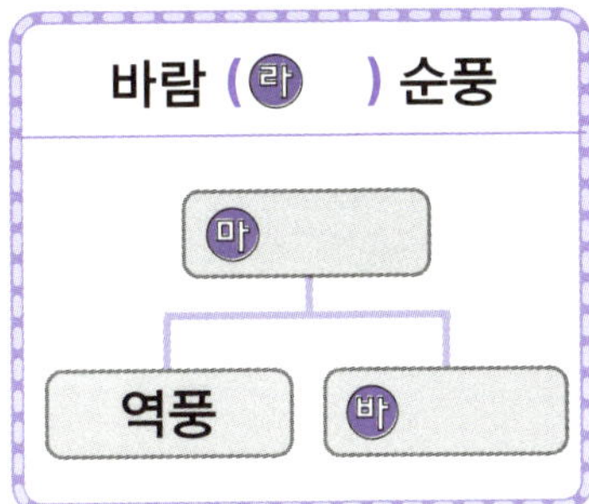

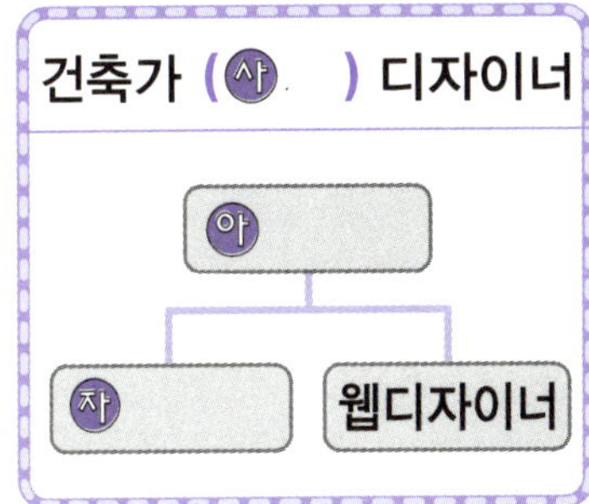

5 짝을 이루는 말 찾기

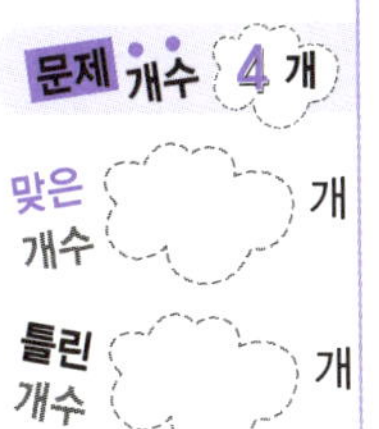

짝을 이루는 말을 찾아 동그라미 하고, 그 말의 뜻을 보기 에서 찾아 번호를 쓰세요.

문제 개수 4 개

맞은 개수 □ 개

틀린 개수 □ 개

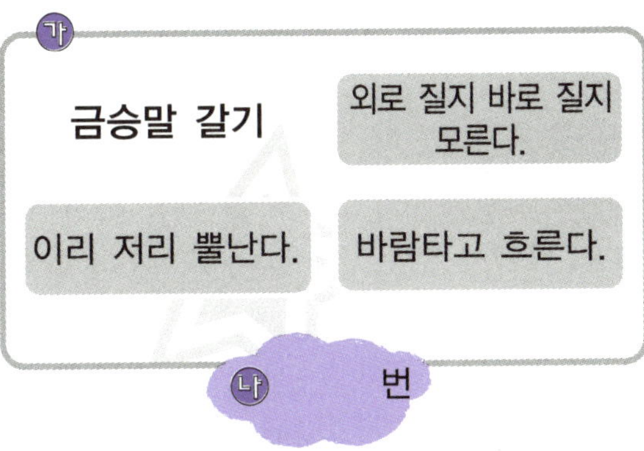

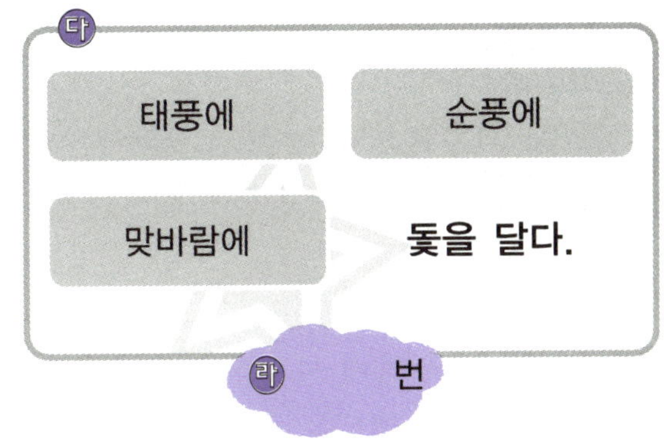

보기
① 말의 갈기가 어느 쪽으로 넘어질지 모른다는 뜻으로, 일이 어떻게 될지 짐작할 수 없다.
② 일이 뜻한 바대로 순조로이 진행되다.

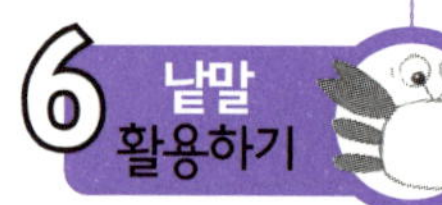

다음 [가]~[라]의 ( )에 알맞은 낱말을 [보기]에서 찾아 번호를 쓰고, [마]의 질문에 답해 보세요.

문제 개수 **5** 개

맞은 개수 ☐ 개

틀린 개수 ☐ 개

[가] 학생은 공부는 하지 않고 (   ) 시간만 때우다 돌아갔다.

[나] 비밀을 지켜 달라고 한 말이 그대로 소문이 된 것을 보고 (   )가 없었다.

[다] 왜구는 우리나라 해안가에 출몰하여 (   )을 일삼곤 했다.

[라] 그들은 신대륙을 모든 것이 준비된 (   )로 여기는 듯했다.

[마] '연달아'를 넣어 짧은 글을 지어 보세요.

→ ____

[보기] ① 무사태평 ② 어영부영 ③ 노다지 ④ 어처구니 ⑤ 슬쩍 ⑥ 노략질 ⑦ 연달아

총 문제 개수 (32) 개   총 맞은 개수 ( ) 개   총 틀린 개수 ( ) 개

　항우를 물리치고 천하를 통일한 유방에게는 걱정거리가 하나 있었습니다. 항우를 물리치는 데 큰 공을 세운 한신이 자신을 배신할 것이라 생각했기 때문이랍니다. 한편, 한신은 항우의 장수였던 종리매라는 오랜 친구를 보호하고 있었습니다. 이 사실을 안 유방은 한신에게 종리매를 잡아오라고 명령을 내렸지만, 그 명령을 따르지 않았답니다.

　이를 괘씸하게 여긴 유방이 한신을 죽이기로 마음을 먹자, 한신은 겁이 덜컥 났습니다. 그래서 자신의 결백을 설명하기 위해, 유방을 만나려 했습니다. 이때, 한 신하가 종리매의 목을 가지고 가라고 했고, 이 말에 귀가 솔깃해진 한신을 보며 종리매는 스스로 자신의 목을 쳤답니다. 종리매의 목을 본 유방은 한신을 포박했습니다. 한신은 "교활한 토끼를 잡고 나면 사냥개도 잡는다더니(토사구팽 : 兎死拘烹), 내가 사냥개가 되고 마는구나."라고 했답니다.

　당장 쓸모가 있을 때에는 쓰고 쓸모가 없어지면 버려지는 것을 '토사구팽'이라고 한답니다.

도전 시간	걸린 시간
00 분 25 초	분 초

창의사고력 기초 다지기 연상추리력 쑥~

보기 를 보고 다음에 올 그림은 무엇일지 찾아보세요.

보기

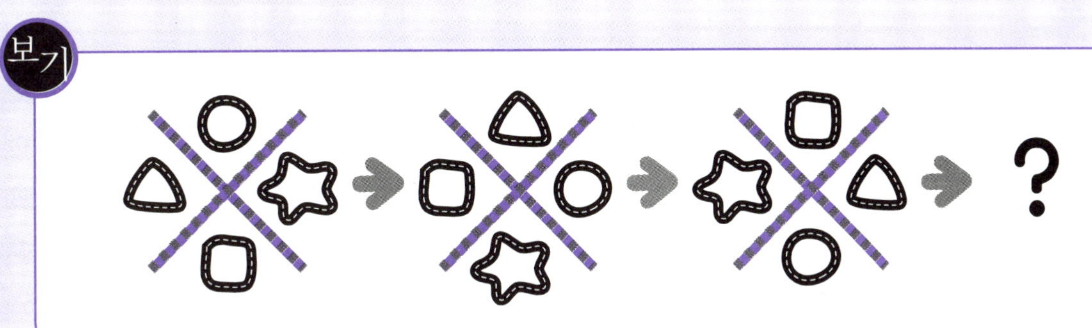

① 

② 

③ 

④ 

번

도전시간 8 분 30 초
걸린시간 분 초

1 가로세로 낱말 찾기

다음 네모에서 알고 있는 낱말을 찾아 동그라미를 해 보세요.

여기서 찾은 낱말로 2~6번 문제를 풀어요!

자	장	면	★	붙	박	이	장	끼	황
업	소	면	친	근	감	민	족	성	급
자	세	히	선	코	흘	리	개	공	하
득	점	트	경	뚜	기	팽	팽	하	다
야	상	곡	기	레	다	이	정	표	★

내가 찾은 낱말 ⬤ 개

2 낱말 뜻 알기

다음 설명이나 그림이 뜻하는 낱말이 무엇인지 빈칸을 채워 보세요.

문제 개수 8 개

맞은 개수 ⬤ 개

틀린 개수 ⬤ 개

㉮ 한 민족의 고유한 성질 ·········· ☐ ☐ ☐

㉯ 조용한 밤의 분위기를 나타낸 서정적인 피아노곡 ······· ☐ ☐ 곡

㉰ 차근차근 생각해 볼 사이가 없이 아주 급하다. ······ ☐ 하 다

㉱ 자기가 저지른 일의 결과를 자기가 받음. ········· 자 ☐ 자 ☐

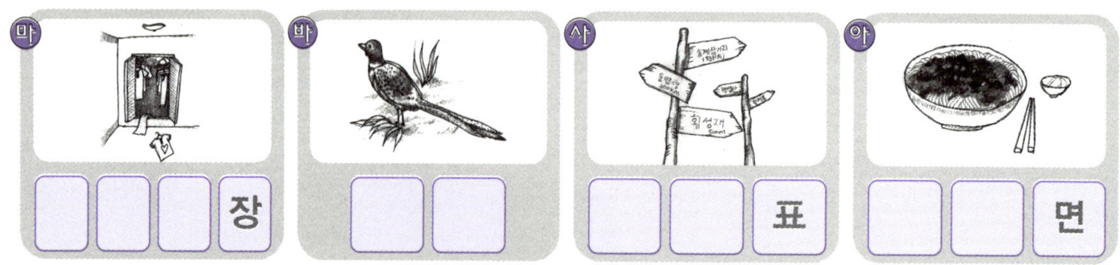

㉲ ☐ ☐ 장

㉳ ☐ ☐

㉴ ☐ ☐ 표

㉵ ☐ ☐ 면

③ 비슷한 말 반대말 알기

다음에서 비슷한 뜻끼리 짝지어진 것에는 '='로, 반대의 뜻끼리 짝지어진 것에는 '↔'로 나타내거나, 부호에 알맞게 낱말을 채워 보세요.

문제 개수 **6** 개

맞은 개수 　 개

틀린 개수 　 개

실점	↔	(가 　　)		이정표	(라 　)	도정표
팽팽하다	(나 　)	느슨하다		황급하다	(마 　)	여유롭다
친근감	(다 　)	거리감		이민	(바 　)	이주

④ 큰 말 작은 말 알기

낱말의 포함 관계에 따라 '<' 또는 '>'로 나타내고, 그림의 위치에 알맞게 낱말을 넣어 보세요.

문제 개수 **9** 개

맞은 개수 　 개

틀린 개수 　 개

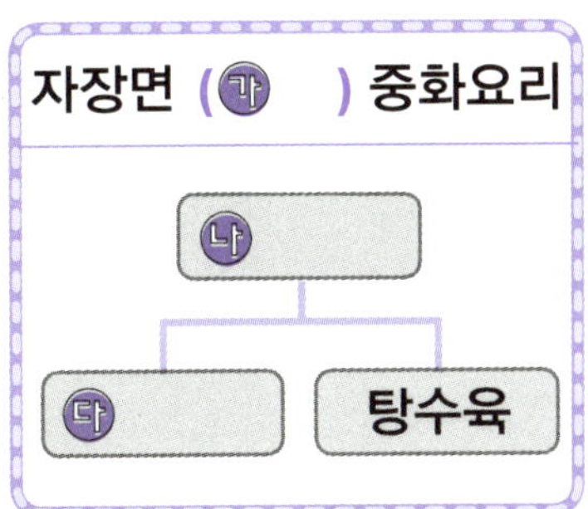

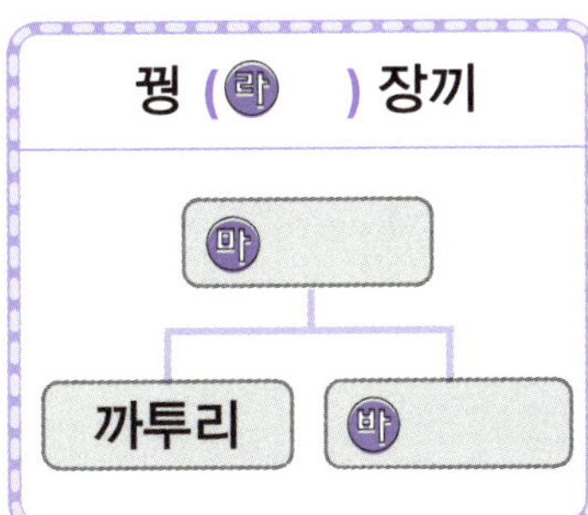

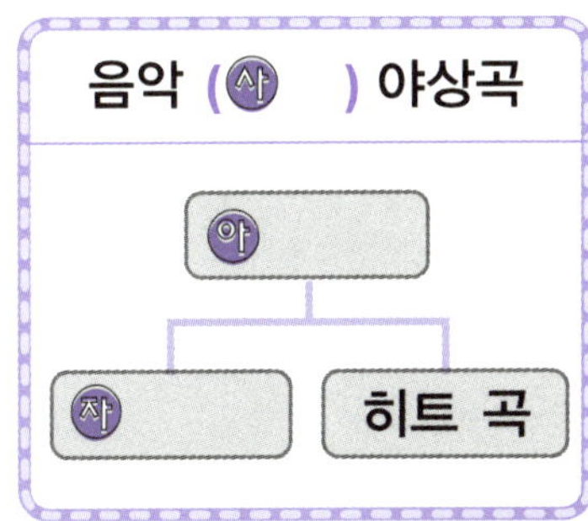

⑤ 짝을 이루는 말 찾기

짝을 이루는 말을 찾아 동그라미 하고, 그 말의 뜻을 [보기]에서 찾아 번호를 쓰세요.

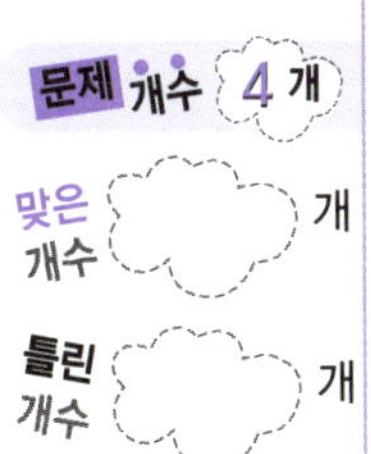

문제 개수 **4** 개

맞은 개수 　 개

틀린 개수 　 개

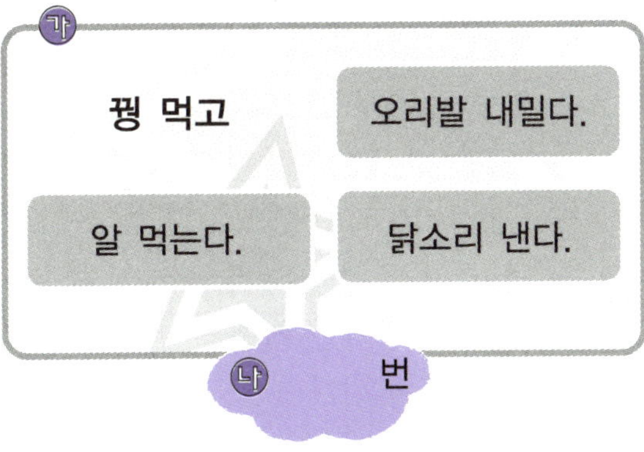

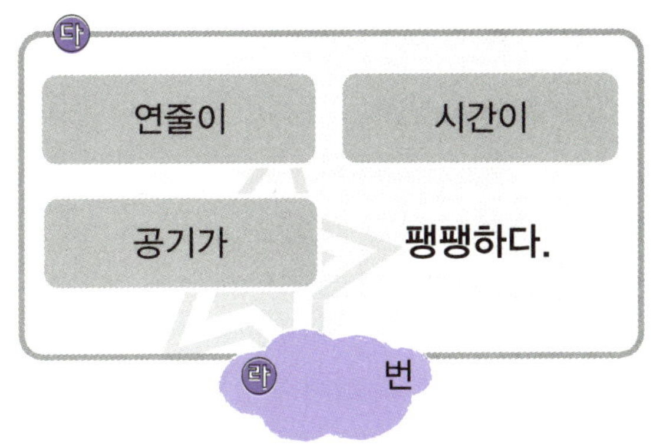

[보기]

① (비유적으로) 한 가지 일을 하여 두 가지 이상의 이익을 보게 되다.

② 분위기가 몹시 긴장되어 있다.

6 낱말 활용하기

다음 ㉮~㉣의 ( )에 알맞은 낱말을 보기 에서 찾아 번호를 쓰고, ㉤ 의 질문에 답해 보세요.

문제 개수 **5** 개

맞은 개수 ( ) 개

틀린 개수 ( ) 개

㉮ ( ) 긴장감 속에 경기는 계속 동점을 이어가고 있었다.

㉯ 근면과 성실은 우리의 ( )을 대표하는 말이다.

㉰ 상대방이 알아들을 수 있도록 ( ) 설명해 줘야지.

㉱ 낯선 동네라 길을 모를 때는 도로 위의 ( )를 잘 살펴보면 돼.

㉲ '자업자득'을 넣어 짧은 글을 지어 보세요.

→

보기 ① 민족성 ② 황급히 ③ 자업자득 ④ 이정표 ⑤ 자세히 ⑥ 팽팽한 ⑦ 득점

총 문제 개수 **32** 개 | 총 맞은 개수 ( ) 개 | 총 틀린 개수 ( ) 개

운동과 공부는 적일까요? 아니에요. 서로 도움을 주는 친구랍니다.

공부는 마라톤과 같아요. 갑자기 막 하고는 쉬는 게 아니라, 꾸준히 계속 해야 하거든요. 이 때 필요한 것이 운동이랍니다. 운동은 건강에 큰 도움이 돼요. 어린이들의 성장에도 아주 좋답니다. 또한 운동은 스트레스를 없애 줘요. 신나게 몸을 움직이고 나면, 짜증났던 일도 모두 잊게 되니까요. 게다가 고학년이 될수록 점점 공부 시간은 길어질 거예요. 책상 앞에서 오래 앉아 있으려면 체력이 필요한데, 운동을 하면 체력이 강해진답니다.

세상 어느 누구도 하루 종일 책상 앞에서 공부만 할 수는 없어요. 더군다나 한창 자라나는 어린이들은 놀기도 해야 한답니다. 어린이에게는 몸을 신나게 움직여서 노는 것도 운동이에요. 학교에 다녀온 뒤, 숙제를 하고 맘껏 신나게 놀아 보세요. 공부가 더 재미있어질 거예요.

머리 풀어 주는 퍼즐

도전 시간	걸린 시간
00 분 30 초	분 초

창의사고력 기초 다지기 판단능력 쑥~

<보기>의 열쇠 구멍에 맞는 열쇠는 무엇일까요?

보기

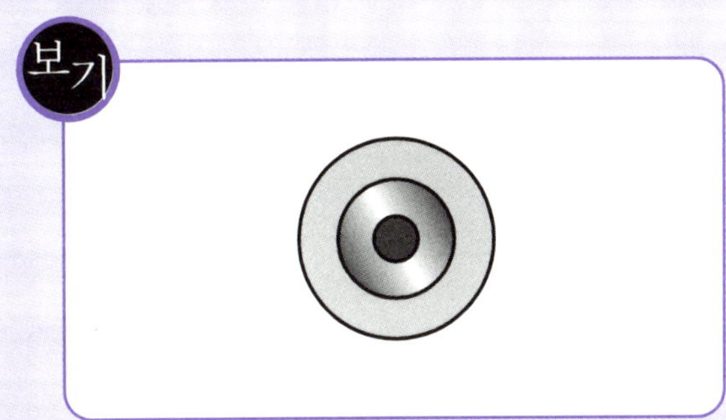

❶ 

❷ 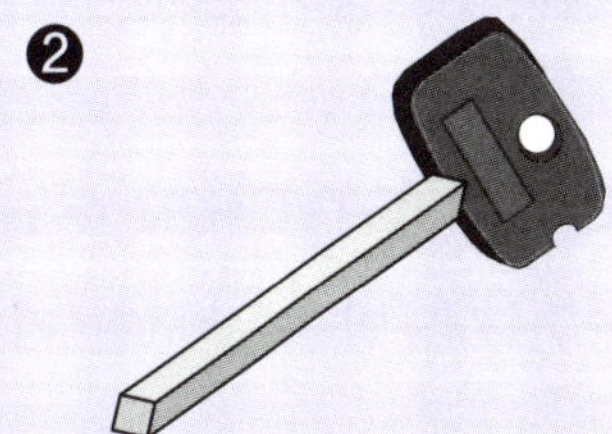

❸ 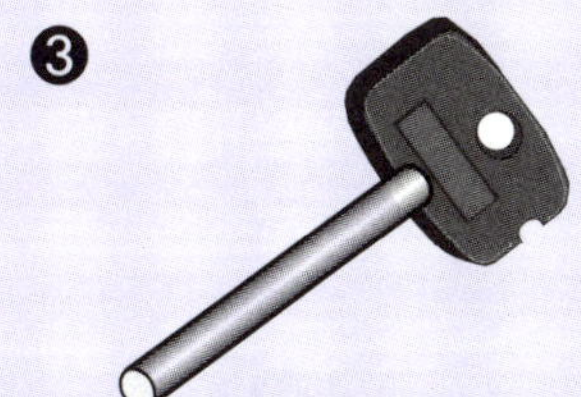

❹ 

번

도전시간 걸린시간
8 분 30 초   분 초

1 가로세로 낱말 찾기

다음 네모에서 알고 있는 낱말을 찾아 동그라미를 해 보세요.

> 여기서 찾은 낱말로 2~6번 문제를 풀어요!

낙	숫	물	맞	바	람	불	시	에	곱
하	물	며	먹	가	속	쏘	시	누	빼
산	★	★	다	지	갑	시	비	리	기
유	생	생	하	다	절	개	비	매	품
국	애	지	중	지	당	하	다	반	사

내가 찾은 낱말 ⬜ 개

2 낱말 뜻 알기

다음 설명이나 그림이 뜻하는 낱말이 무엇인지 빈칸을 채워 보세요.

문제 개수 8 개
맞은 개수 ⬜ 개
틀린 개수 ⬜ 개

가 뜻하지 아니한 때에 ······ ⬜ ⬜ ⬜

나 물건값을 받을 값보다 더 많이 부르는 일 또는 그 값. 혹은 물건값을 깎는 일
······ ⬜ ⬜ 리

다 잘한 것, 잘못한 것을 자세히 따짐. ······ ⬜ ⬜ ⬜

라 매우 사랑하고 소중히 여기는 모양 ······ ⬜ ⬜ ⬜

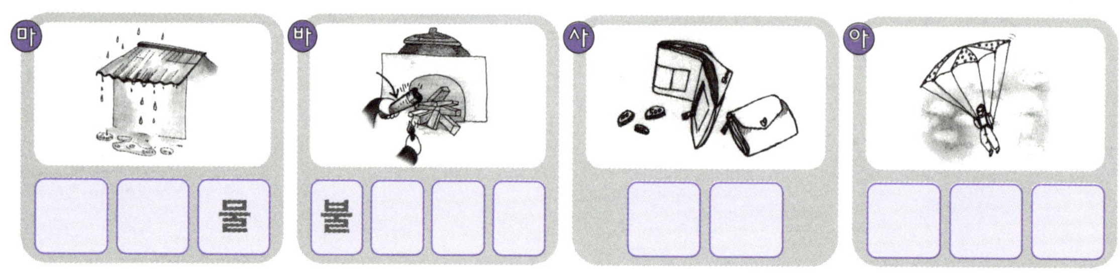

마 ⬜ ⬜ 물
바 불 ⬜ ⬜
사 ⬜ ⬜
아 ⬜ ⬜ ⬜

비슷한 말 반대말 알기

다음에서 비슷한 뜻끼리 짝지어진 것에는 '='로, 반대의 뜻끼리 짝지어진 것에는 '↔'로 나타내거나, 부호에 알맞게 낱말을 채워 보세요.

문제 개수 **6** 개

맞은 개수 　개

틀린 개수 　개

시비	=	(가)
하물며	(나)	더군다나
비매품	(다)	판매품

애지중지	(라)	천대
지당하다	(마)	당연하다
갑절	(바)	곱빼기

큰 말 작은 말 알기

낱말의 포함 관계에 따라 '<' 또는 '>'로 나타내고, 그림의 위치에 알맞게 낱말을 넣어 보세요.

문제 개수 **9** 개

맞은 개수 　개

틀린 개수 　개

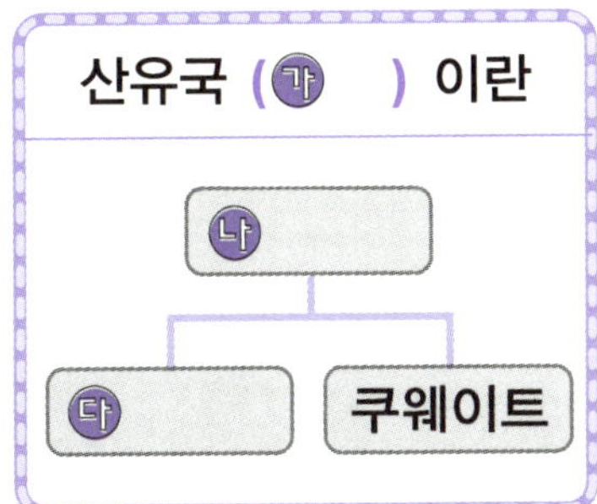

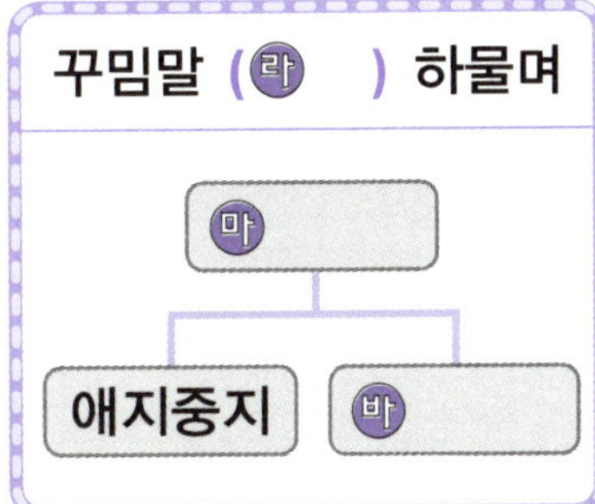

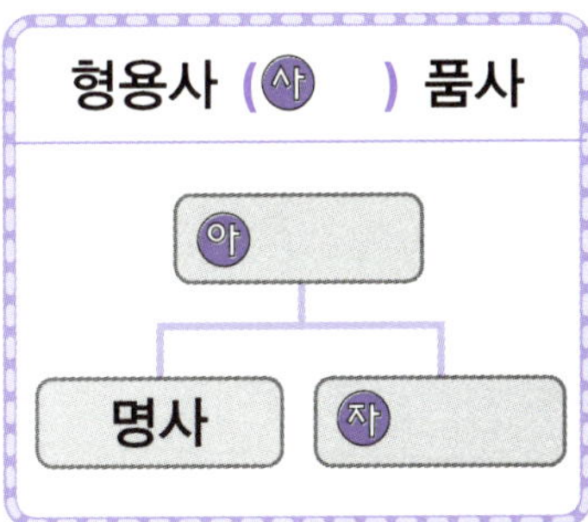

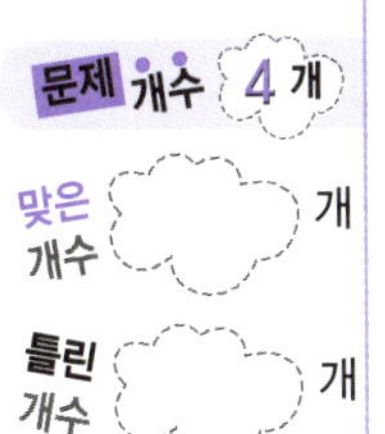

짝을 이루는 말 찾기

짝을 이루는 말을 찾아 동그라미 하고, 그 말의 뜻을 보기 에서 찾아 번호를 쓰세요.

문제 개수 **4** 개

맞은 개수 　개

틀린 개수 　개

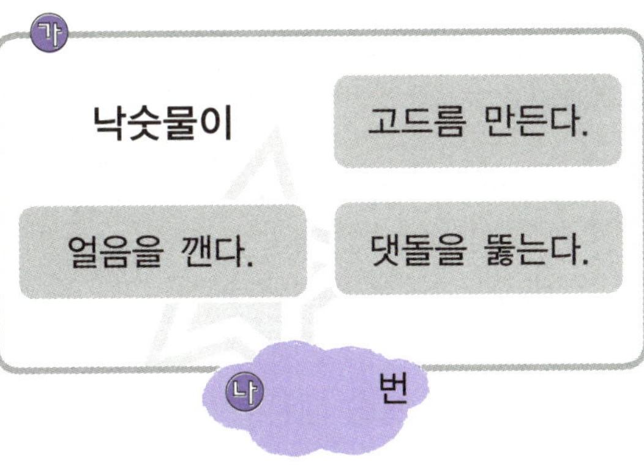

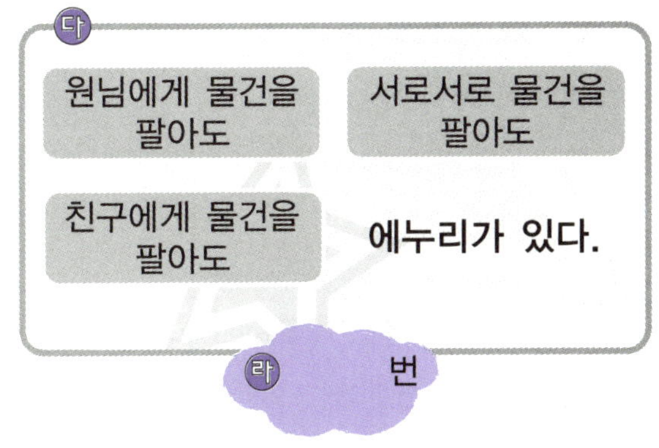

보기

① 대하기 어려운 사람과도 흥정을 하게 되면 에누리가 있다.

② (비유적으로) 작은 힘이라도 꾸준히 계속하면 큰일을 이룰 수 있다.

다음 ㉮~㉣의 ( )에 알맞은 낱말을 보기에서 찾아 번호를 쓰고, ㉤의 질문에 답해 보세요.

문제 개수 5개
맞은 개수 ☁ 개
틀린 개수 ☁ 개

㉮ 저희 수족관에서는 항상 ( ) 바다를 체험할 수 있습니다.

㉯ 저를 ( ) 길러 주신 할머니, 할아버지 감사합니다.

㉰ 세상에 ( ) 없는 장사가 어디 있겠어요.

㉱ 손님, 죄송합니다. 이 물건은 팔지 않는 ( )입니다.

㉲ '시시비비'를 넣어 짧은 글을 지어 보세요.

→ ____

보기 ① 불시에 ② 에누리 ③ 시시비비 ④ 애지중지 ⑤ 불쏘시개 ⑥ 생생한 ⑦ 비매품

총 문제 개수 (32) 개 │ 총 맞은 개수 ( ) 개 │ 총 틀린 개수 ( ) 개

프랑스의 파리, 영국의 런던, 독일의 베를린 등에는 각 나라마다 독특한 벼룩시장이 있답니다. 우리나라도 벼룩시장이 있습니다. 예전 '황학동 도깨비시장'의 전통을 이은 '서울 풍물시장'이 열리고 있답니다. 그런데 왜 하필 벼룩시장이라는 이름으로 불리게 되었을까요?

벼룩시장이란 길거리에서 중고물품을 사고파는 시장을 말합니다. 프랑스 어로 '마르셰 오 푸세(Marche' Aux Puces)'라고 부르는데, '푸세(Puces)'는 '벼룩'과 '암갈색'을 뜻하는 말입니다. 이 때문에 '벼룩시장'이 되었다고도 한답니다.

또 다른 유래로는 벼룩시장에서 물건을 팔던 상인들의 모습 때문이랍니다. 상인들은 경찰의 단속을 피해 장사를 했어요. 그래서 경찰이 나타나면 후다닥 사라졌다가, 경찰이 가면 다시 후다닥 나타나는 모습이 마치 벼룩이 뛰는 모습과 같다고 해서 '벼룩시장'이라고 했답니다.

마지막 이유는 벼룩시장에서 파는 물건이 중고품이기 때문에, 벼룩이 하도 많이 나와서 '벼룩시장'이라고 했다는군요. 어느 이야기가 맞는지는 아무도 모른답니다.

머리 풀어 주는 퍼즐

도전 시간	걸린 시간
00 분 30 초	분 초

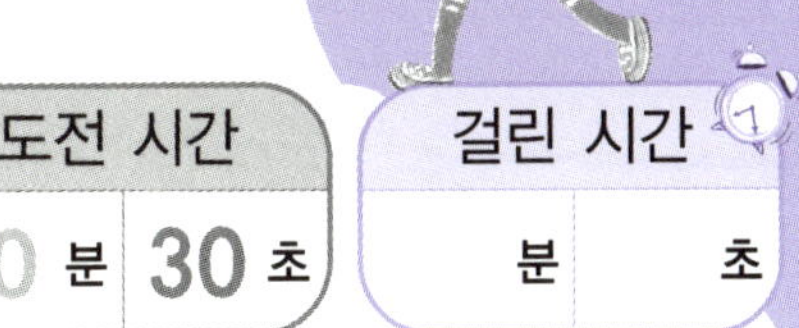

창의사고력 기초 다지기 정보처리능력 쑥~

승희는 여행을 가기 위해 상의 두 벌, 하의 세 벌을 챙겼어요. 여행을 가서 몇 가지 종류로 옷을 맞춰 입을 수 있을까요?

ㄱ 

ㄴ 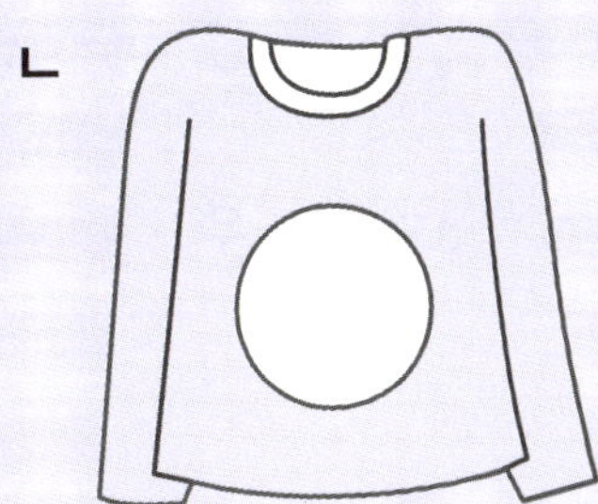

1 

2 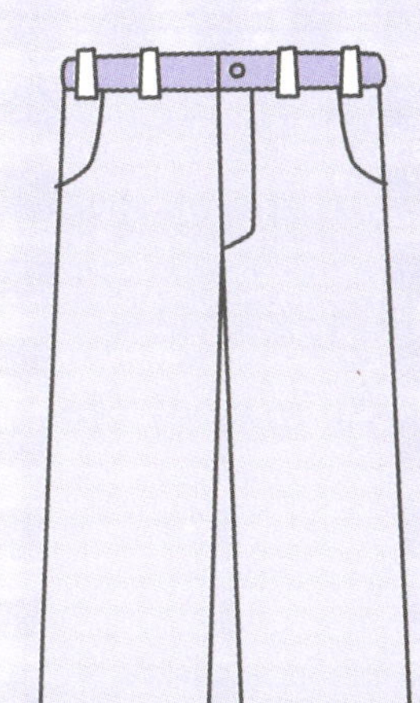

3 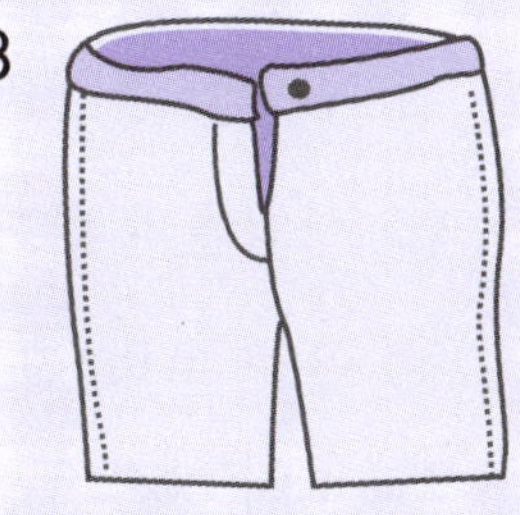

종류

도전시간 8 분 30 초 | 걸린시간 분 초

다음 네모에서 알고 있는 낱말을 찾아 동그라미를 해 보세요.

새	침	하	다	짐	에	티	켓	뉴	★
마	구	리	코	더	펠	징	크	스	덩
을	성	일	상	어	탑	표	백	제	그
운	지	부	품	르	하	모	니	카	렁
동	다	분	권	신	마	우	두	커	니

내가 찾은 낱말 ⬤ 개

다음 설명이나 그림이 뜻하는 낱말이 무엇인지 빈칸을 채워 보세요.

문제 개수 8 개

맞은 개수 ⬤ 개

틀린 개수 ⬤ 개

가 길쭉한 물건의 양쪽 끝의 면, 또는 그런 끝에 면에 대는 물건 ……… 마 [ ] 리

나 사람들과 함께 살면서 지켜야할 행동이나 태도 …………… [ ] [ ] 켓

다 홀로 우뚝. 또는 텅 비어 있는 모양 …………………… [ ] [ ] [ ]

라 넋이 나간 듯, 또는 아무 하는 일 없이 한 곳에 멈춰 멍하게 있는 모양

…………………………………… [ ] [ ] [ ] [ ]

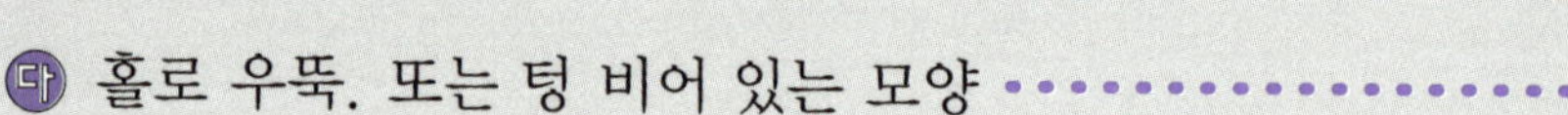

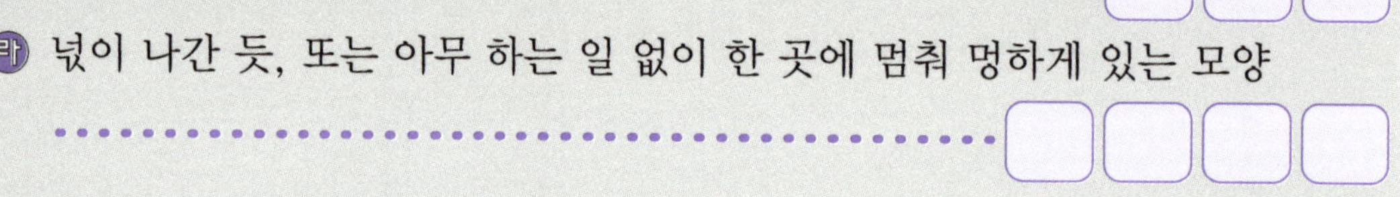

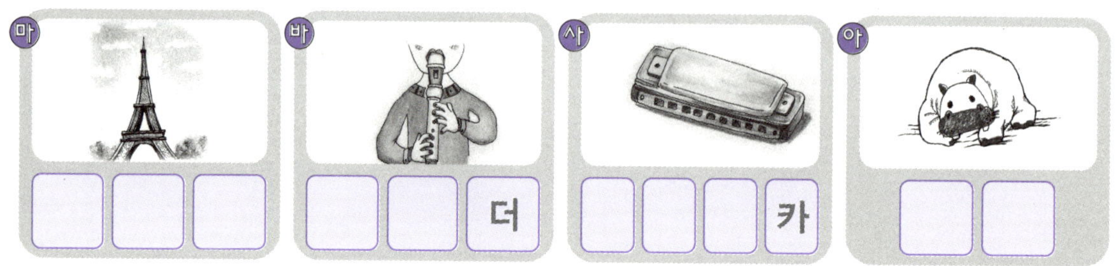

마 [ ] [ ] [ ]

바 [ ] [ ] 더

사 [ ] [ ] 카

아 [ ] [ ]

다음에서 비슷한 뜻끼리 짝지어진 것에는 '='로, 반대의 뜻끼리 짝지어진 것에는 '↔'로 나타내거나, 부호에 알맞게 낱말을 채워 보세요.

예절	=	(가)
표백제	(나)	염색제
어르신	(다)	어르신네

징표	(라)	표지
징크스	(마)	행운
일부분	(바)	전체

낱말의 포함 관계에 따라 '<' 또는 '>'로 나타내고, 그림의 위치에 알맞게 낱말을 넣어 보세요.

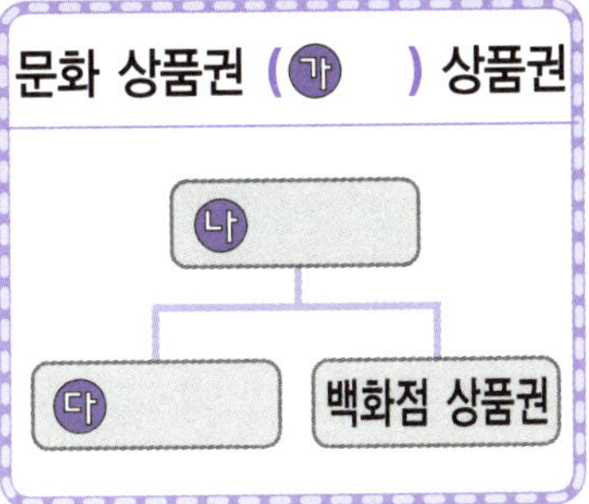

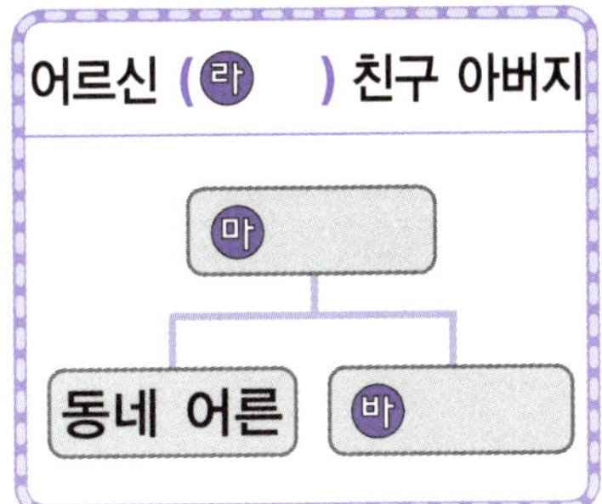

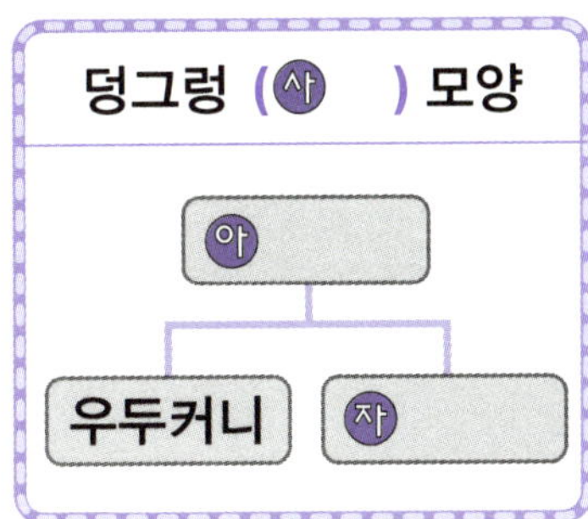

짝을 이루는 말을 찾아 동그라미 하고, 그 말의 뜻을 보기 에서 찾아 번호를 쓰세요.

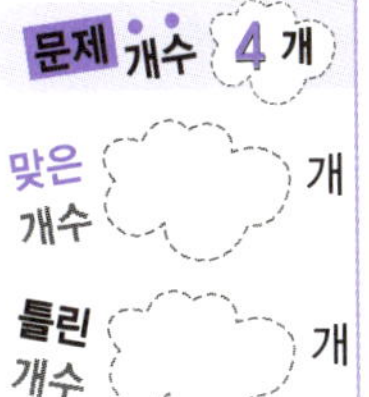

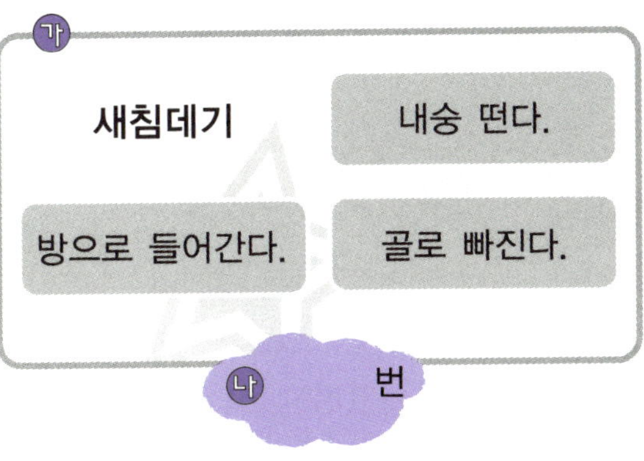

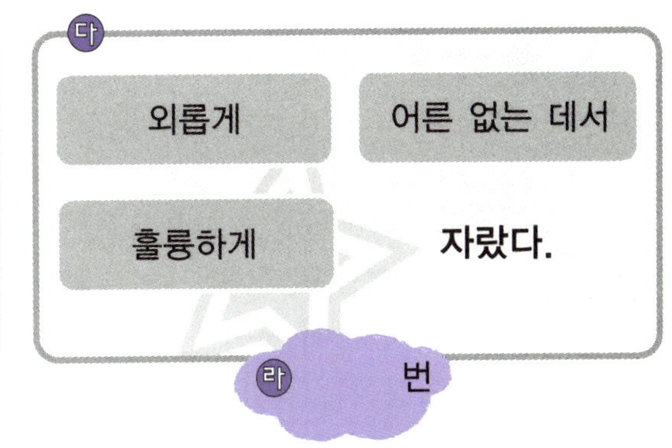

보기
① 어떤 사람이 버릇없고 방탕하다.
② 얌전하게 보이는 사람이 한번 길을 잘못 들면 걷잡을 수 없이 된다.

다음 ㉮~㉯ 의 ( )에 알맞은 낱말을 보기 에서 찾아 번호를 쓰고, ㉰ 의 질문에 답해 보세요.

문제 개수 5 개

맞은 개수 ☐ 개

틀린 개수 ☐ 개

㉮ 혹부리영감은 ( ) 목소리로 노래를 하기 시작했다.

㉯ 엘리베이터에서는 안의 사람이 먼저 내리고 나중에 타는 것이 ( )입니다.

㉱ 모두들 빠져나간 집에는 신데렐라만이 ( ) 남겨졌습니다.

㉲ 그렇게 ( ) 서 있지 말고 뭐라도 좀 도와줘!

㉳ '징표'를 넣어 짧은 글을 지어 보세요.

→ _______________________________

보기 ① 마구리 ② 에티켓 ③ 덩그렁 ④ 우두커니 ⑤ 징크스 ⑥ 구성진 ⑦ 징표

총 문제 개수 32 개 | 총 맞은 개수 ◯ 개 | 총 틀린 개수 ◯ 개

민경이는 체육 시간에 뜀틀을 했어요. 2단까지는 가볍게 넘을 수 있었는데, 3단부터 너무나 겁이 나는 거예요. '너무 높아서 나는 넘지도 못하겠는걸.'하는 생각을 하자, 덜컥 겁부터 났어요. 결국 민경이는 뜀틀 넘기를 포기하고 말았답니다.

하지만 혜경이는 달랐어요. 평소 체육을 못하는 혜경이였지만, '난 할 수 있어.'라는 주문을 마음속으로 자꾸만 외웠거든요. 그러자 3단으로 올라간 뜀틀이 별로 높아 보이지 않는 거예요. 그날 혜경이는 가뿐하게 뜀틀을 넘었답니다.

'긍정의 힘'은 아무리 힘들고 어려운 일도 해낼 수 있게 만든답니다. 여러분도 혜경이처럼 '긍정의 힘'을 불러일으키는 주문을 외워 보세요. 아마 인생이 달라질 거예요.

30^회 머리 풀어 주는 퍼즐

도전 시간	걸린 시간
02 분 00 초	분 초

창의사고력 기초 다지기 계산능력 쑥~

두 시간 삼십 분 동안 낮잠을 자려고 알람 시계를 맞춰 놓았어요. 지금 시간이 보기와 같다면 알람이 울릴 때 시계는 몇 시를 가리키고 있을까요?

보기

① 

③ 

② 

④ 

번

도전시간 8 분 30 초 걸린시간 분 초

1 가로세로 낱말 찾기

다음 네모에서 알고 있는 낱말을 찾아 동그라미를 해 보세요.

여기서 찾은 낱말로 2~6번 문제를 풀어요!

시	시	각	각	설	탕	포	슬	포	슬
시	리	얼	설	융	털	★	픔	대	로
하	즈	룩	이	통	시	청	자	기	건
나	음	말	★	성	금	취	서	유	기
만	으	름	장	★	석	자	전	출	★

내가 찾은 낱말 [ ] 개

2 낱말 뜻 알기

다음 설명이나 그림이 뜻하는 낱말이 무엇인지 빈칸을 채워 보세요.

문제 개수 8 개
맞은 개수 [ ] 개
틀린 개수 [ ] 개

가 가치, 능력 등을 재어 볼 수 있는 기준이 되는 기회 또는 사물 [시][ ][ ]

나 말과 행동으로 위협하는 것 …………… [ ][ ][ ]

다 텔레비전의 방송 프로그램을 보고 듣는 사람 ………… [ ][ ][ ]

라 덩이진 가루 따위가 물기가 적어 엉기지 못하고 바스러지기 쉬운 모양
………… [포][ ][ ]

마  [ ][ ][이]

바  [ ][ ][ ]

사  [ ][ ][얼]

아  [ ][ ][기]

3 비슷한 말 반대말 알기

다음에서 비슷한 뜻끼리 짝지어진 것에는 '＝'로, 반대의 뜻끼리 짝지어진 것에는 '↔'로 나타내거나, 부호에 알맞게 낱말을 채워 보세요.

문제 개수 **6** 개

맞은 개수 개

틀린 개수 개

일각일각	＝	(가)
시리즈	(나)	연속물
시시하다	(다)	흥미롭다

다만	(라)	단지
포대기	(마)	강보
슬픔	(바)	기쁨

4 큰 말 작은 말 알기

낱말의 포함 관계에 따라 '＜' 또는 '＞'로 나타내고, 그림의 위치에 알맞게 낱말을 넣어 보세요.

문제 개수 **9** 개

맞은 개수 개

틀린 개수 개

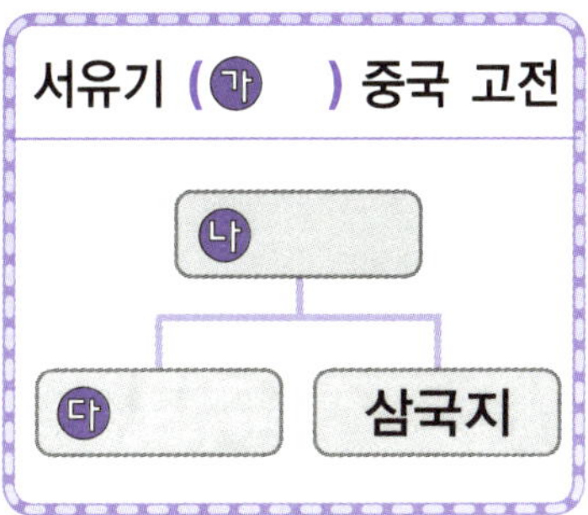

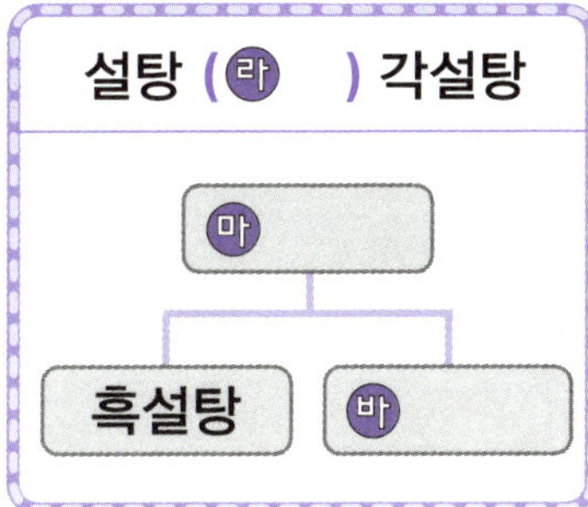

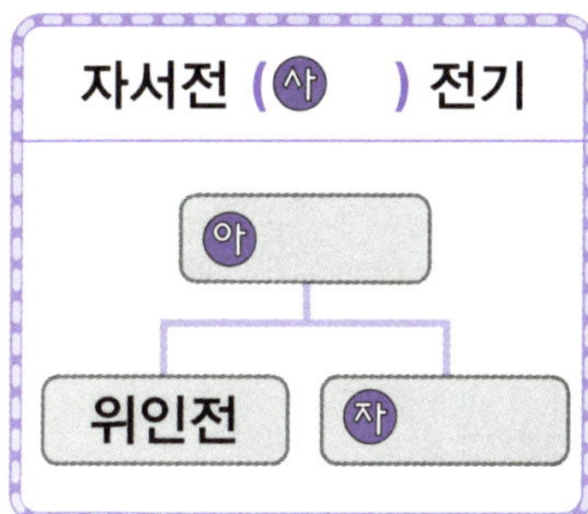

5 짝을 이루는 말 찾기

짝을 이루는 말을 찾아 동그라미 하고, 그 말의 뜻을 보기 에서 찾아 번호를 쓰세요.

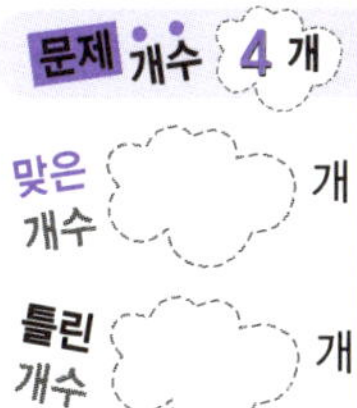

문제 개수 **4** 개

맞은 개수 개

틀린 개수 개

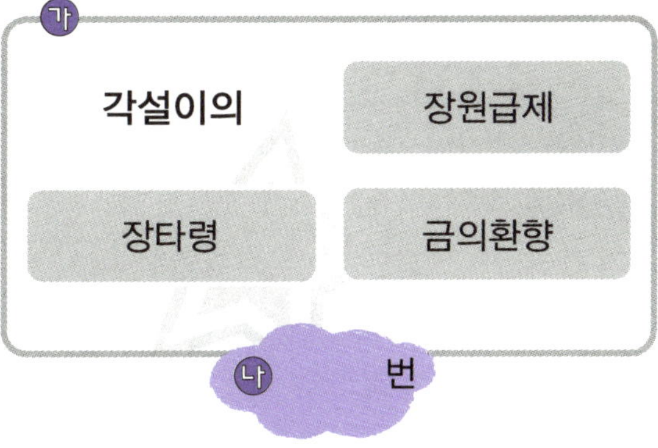

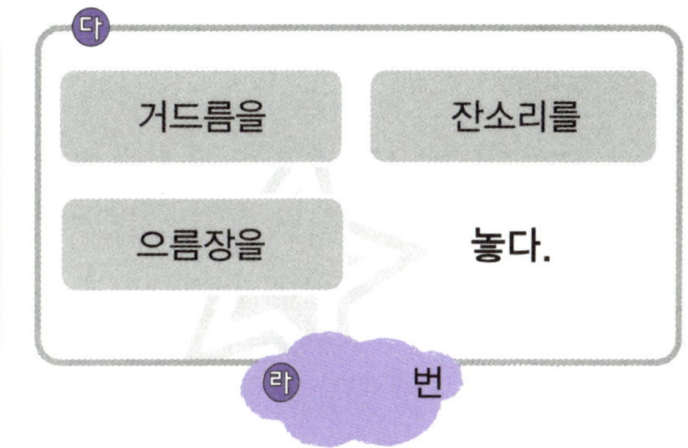

보기

① 본바탕이 하찮은 것에서는 크게 기대할 만한 결과가 나오기 힘들다.

② 말이나 행동으로 단단히 으르다.

다음 ㉮~㉣ 의 ( )에 알맞은 낱말을 보기 에서 찾아 번호를 쓰고, ㉤ 의 질문에 답해 보세요.

문제 개수 **5** 개

맞은 개수 ＿＿＿ 개

틀린 개수 ＿＿＿ 개

㉮ (　　　　)에 싸여 있던 애기 때가 엊그제 같은데 벌써 이렇게 컸구나!

㉯ (　　　　)의 주인공은 손오공과 저팔계, 사오정, 그리고 삼장법사이다.

㉰ 시청률은 같은 시간대에 (　　　　)들이 어떤 방송을 보았는지 조사한 수치이다.

㉱ 과자 가루들이 (　　　　) 옷 위로 떨어졌다.

㉲ '으름장을 놓다.'를 넣어 짧은 글을 지어 보세요.

→ ＿＿＿＿＿＿＿＿＿＿＿＿＿＿＿＿＿＿＿＿＿＿＿＿

보기　① 시금석　② 포슬포슬　③ 으름장　④ 시청자　⑤ 각설이　⑥ 포대기　⑦ 서유기

총 문제 개수 **32** 개　｜　총 맞은 개수 ◯ 개　｜　총 틀린 개수 ◯ 개

　우리의 옛 여인들의 옷 차림새는 소박했어요. 하지만 여러 가지 장신구로 멋을 냈답니다. 그 중에서도 머리를 치장하는 장신구가 많았어요.

　머리꽂이 장신구로는 비녀, 첩지, 떨잠, 뒤꽂이가 있어요. 비녀는 결혼한 여자들이 쪽을 지은 머리가 풀어지지 않도록 꽂는 장신구였어요. 가르마에 얹었던 첩지는 신분을 나타내는 장신구였답니다. 떨잠은 예를 갖추어 차림을 할 때 꽂았던 최고의 장신구랍니다. 뒤꽂이는 쪽을 찐 머리 뒤에 비녀와 함께 더 꽂는 장신구를 말해요.

　머리에 쓰는 장신구로는 화관, 족두리, 아얌이 있는데, 주로 큰 예식이 있을 때에만 예복을 입고 머리에 장식을 했답니다. 화관은 여자의 관으로 칠보로 아름답게 꾸몄답니다. 족두리는 혼례복 등을 입을 때 머리에 얹었던 관입니다. 아얌은 겨울철 나들이를 할 때 머리에 쓰던 쓰개로, 추위를 막기 위해 사용했답니다.

공부습관 초등어휘  
조
3·4학년
기본 III
정답

●●● 답안과 다른 해결 방법을 가진 퍼즐 문제도 있습니다. 자유롭고 창의적으로 문제를 해결해 보세요.

●●● 〈❶가로세로 낱말 찾기〉의 답안은 ❷~❻번 문제의 바탕이 되는 낱말들에 표시해 둔 것입니다. 이 낱말들 이외에도 얼마든지 더 찾을 수 있습니다. 아이들이 자유롭게 낱말을 찾고 자신이 찾은 낱말의 개수를 표시하도록 두세요. 답안에 표시된 단어보다 더 많이 찾았을 경우 칭찬해 주시고, 잘 쓰이지 않는 낱말을 찾았을 경우엔 어떤 뜻인지 한번 물어보고 설명해 주세요. 찾은 개수가 많이 적을 경우 시간을 더 주고 다시 한 번 살펴보도록 해 주세요. 채점은 ❷~❻번 문제만 하면 됩니다.

1회 13쪽~16쪽

퍼즐 ③번

❶ 가로세로 낱말찾기

증	생	김	새	록	새	록	뼈	움	사
기	관	차	특	여	우	비	아	켜	태
주	막	개	셩	울	횃	불	픈	잡	배
디	★	물	맴	이	겸	연	쩍	은	설
젤	고	철	수	세	식	애	완	동	물

❷ 낱말 뜻 알기

㉮ 증기 ㉯ 뼈아픈 ㉰ 사태 ㉱ 여울 ㉲ 기관 ㉳ 애완 ㉴ 횃불 ㉵ 맴이

❸ 비슷한 말 반대말 알기
㉲ = ㉯ = ㉰ ↔ ㉱ = ㉳ ↔

❹ 큰 말 작은 말 알기
㉮ > ㉯ 배설물 ㉰ 땀 ㉱ < ㉲ 모양 ㉳ 움켜잡은

❺ 짝을 이루는 말 찾기
㉮ 얼굴이 ㉯ ②

❻ 낱말 활용하기
㉯ ⑤ ㉰ ④ ㉱ ⑥
㉲ ㉠ 동굴 속이 어두워서 횃불을 들고 조심스럽게 앞으로 나아갔다.

2회 17쪽~20쪽

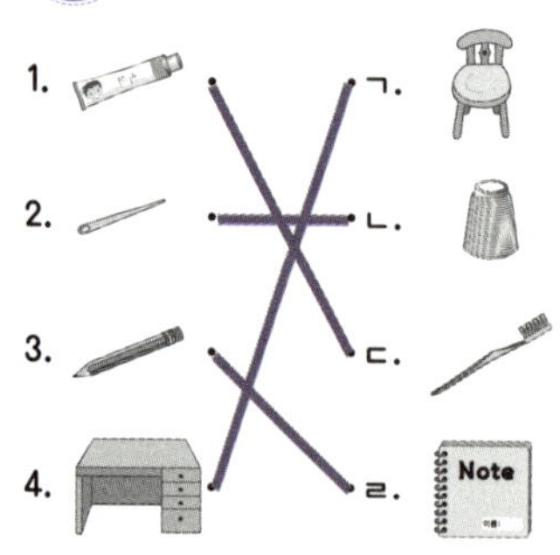

퍼즐
1.
2.
3.
4.
ㄱ. ㄴ. ㄷ. ㄹ.

❶ 가로세로 낱말찾기

문	화	재	역	사	지	도	개	경	충
국	보	박	★	적	합	선	죽	교	신
건	축	물	종	토	성	숭	례	문	한
연	표	관	묘	★	석	★	궁	궐	양
도	읍	지	다	보	탑	예	사	롭	게

❷ 낱말 뜻 알기

㉮ 문화재 ㉯ 석탑 ㉰ 국보 ㉱ 도읍지 ㉲ 연표 ㉳ 건축 ㉴ 역사 ㉵ 례문

❸ 비슷한 말 반대말 알기
㉮ 도읍지 ㉯ ↔ ㉰ = ㉱ = ㉲ ↔ ㉳ =

❹ 큰 말 작은 말 알기
㉮ > ㉯ 도읍지 ㉰ 한양 ㉱ < ㉲ 석탑 ㉳ 다보탑 ㉴ > ㉵ 박물관 ㉶ 역사박물관

❺ 짝을 이루는 말 찾기
㉮ 김서방 찾기. ㉯ ② ㉰ 남대문 ㉱ ①

❻ 낱말 활용하기
㉮ ⑦ ㉯ ④ ㉰ ⑤ ㉱ ①
㉴ ㉠ 친구 옷에 구멍이 난 것을 보고 놀려줄 때

3회 21쪽~24쪽

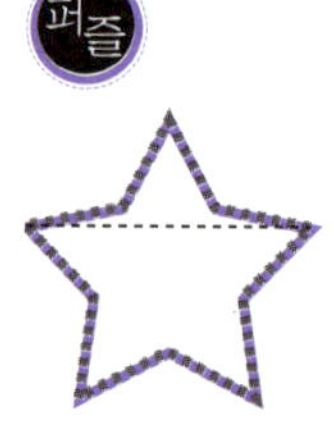

퍼즐 ④번

❶ 가로세로 낱말찾기

공	예	학	예	회	★	아	늑	한	전
★	절	★	유	병	풍	승	용	차	시
도	능	무	형	문	화	재	여	건	붐
우	력	질	서	★	목	운	영	해	비
미	동	양	대	청	현	악	부	킹	다

❷ 낱말 뜻 알기

㉮ 공예 ㉯ 해킹 ㉰ 아늑 ㉱ 붐비 ㉲ 병풍 ㉳ 승용 ㉴ 대청 ㉵ 전시

❸ 비슷한 말 반대말 알기
㉮ 여건 ㉯ ↔ ㉰ ↔ ㉱ ↔ ㉲ ↔ ㉳ ↔

❹ 큰 말 작은 말 알기
㉮ < ㉯ 자동차 ㉰ 승용차 ㉱ < ㉲ 상황 ㉳ 붐비다 ㉴ > ㉵ 공예 ㉶ 짚공예

❺ 짝을 이루는 말 찾기
㉮ 화를 치거든 ㉯ ② ㉰ 발 들여놓을 ㉱ ①

❻ 낱말 활용하기
㉮ ② ㉯ ③ ㉰ ⑥ ㉱ ⑤
㉲ ㉠ 어린이날에 찾은 놀이공원은 사람들로 붐벼서 재미있게 놀 수가 없었다.

퍼즐

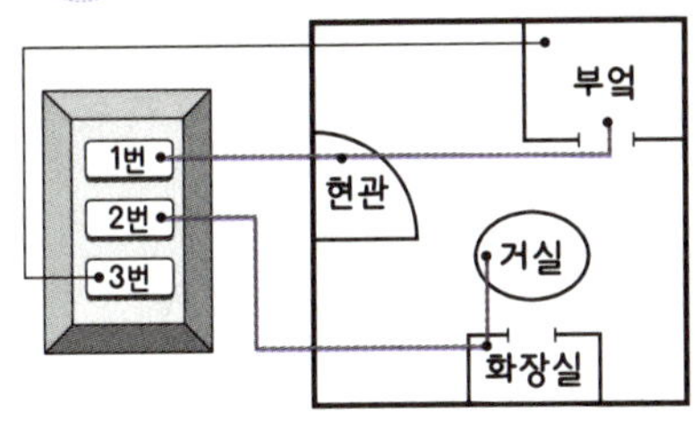

1, 2 번

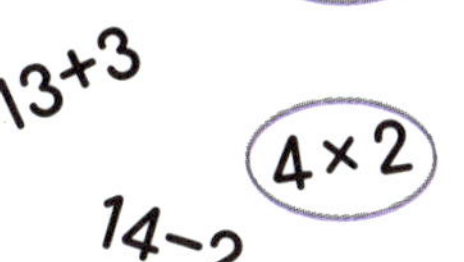

4 개

② 번

정답 (4회)

① 가로세로 낱말찾기

독	귀	이	개	사	리	다	깐	깐	한
창	지	변	의	례	★	흘	깃	흘	깃
적	품	소	위	반	귓	옭	아	매	다
인	삯	등	받	이	바	하	마	터	면
★	시	나	브	로	퀴	솟	을	대	문

② 낱말 뜻 알기

㉮ 독창적　㉯ 사리다
㉰ 깐깐　㉱ 시, 브로
㉲ 귀, 개　㉳ 받이
㉴ 바퀴　㉵ 솟을

③ 비슷한 말 반대말 알기

㉮ 품삯　㉯ ↔　㉰ =
㉱ =　㉲ =　㉳ ↔

④ 큰 말 작은 말 알기

㉮ >　㉯ 품삯　㉰ 일당
㉱ <　㉲ 상황　㉳ 시나브로
㉴ <　㉵ 행동　㉶ 옭아매다

⑤ 짝을 이루는 말 찾기

㉮ 기와 올리고 살겠다.
㉯ ①　㉰ 귓등으로도　㉱ ②

⑥ 낱말 활용하기

㉮ ⑦　㉯ ①　㉰ ⑤　㉱ ④
㉲ 예) 진형이는 엄마가 아무리 게임을 하지 말라고 말씀하셔도 귓등으로도 안 듣는다.

정답 (5회)

① 가로세로 낱말찾기

가	금	제	짚	풀	장	승	광	한	루
급	동	치	미	★	기	와	동	누	금
적	몽	촌	토	성	중	생	종	각	강
비	문	낙	화	암	기	활	향	토	역
에	밀	레	종	돌	확	사	학	자	사

② 낱말 뜻 알기

㉮ 사학　㉯ 생활
㉰ 기와　㉱ 향토
㉲ 금강　㉳ 동치미
㉴ 누각　㉵ 돌확

③ 비슷한 말 반대말 알기

㉮ 기중기　㉯ =　㉰ =
㉱ =　㉲ =　㉳ =

④ 큰 말 작은 말 알기

㉮ <　㉯ 동종　㉰ 에밀레종
㉱ >　㉲ 누각　㉳ 광한루
㉴ <　㉵ 김치　㉶ 동치미

⑤ 짝을 이루는 말 찾기

㉮ 누각이다.　㉯ ①
㉰ 물에 빠지면　㉱ ②

⑥ 낱말 활용하기

㉮ ⑦　㉯ ③　㉰ ①　㉱ ④
㉲ 예) 무조건 빠른 시일 내에 완성하려고 서둘러 공사 중인 아파트를 볼 때

정답 (6회)

① 가로세로 낱말찾기

조	카	촌	수	당	고	모	가	계	도
집	안	부	자	숙	친	★	자	환	갑
양	모	★	고	★	정	성	매	고	회
친	녀	이	종	고	★	묘	문	중	★
가	문	★	증	조	손	선	산	가	친

② 낱말 뜻 알기

㉮ 촌수　㉯ 선산　㉰ 이종
㉱ 문중　㉲ 가계
㉳ 성묘　㉴ 조손　㉵ 모녀

③ 비슷한 말 반대말 알기

㉮ 환갑　㉯ =　㉰ ↔
㉱ =　㉲ =　㉳ ↔

④ 큰 말 작은 말 알기

㉮ >　㉯ 사촌　㉰ 이종
㉱ <　㉲ 촌수　㉳ 삼촌
㉴ >　㉵ 나이　㉶ 환갑

⑤ 짝을 이루는 말 찾기

㉮ 다 지내다.　㉯ ②
㉰ 가문을　㉱ ①

⑥ 낱말 활용하기

㉮ ①　㉯ ⑦　㉰ ④　㉱ ⑥
㉲ 예) 우리 할머니는 올해 환갑이시다.

7회

퍼즐

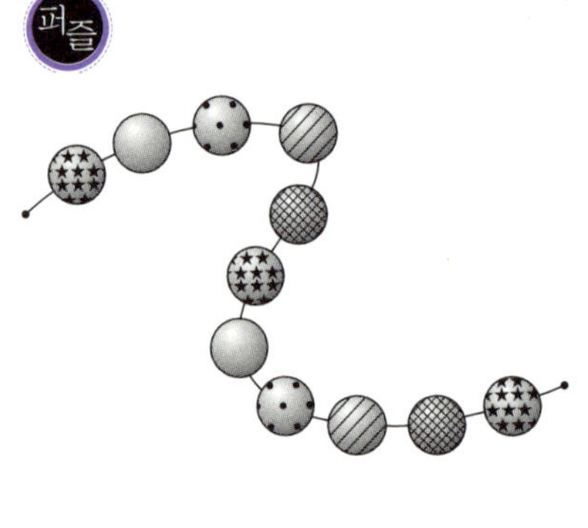

별무늬

8회

퍼즐

4 개

9회

퍼즐

6을 거꾸로 한 9를 제일 앞에 두고 큰 숫자부터 늘어놓으면 가장 큰 수를 만들 수 있습니다.

9743100

7회 정답

1 가로세로 낱말찾기

수	런	거	리	다	씨	알	알	이	들
단	뒤	울	안	팔	각	소	반	밥	창
짝	여	와	보	시	기	모	진	상	문
종	린	락	다	락	소	복	한	머	패
례	비	겁	한	씨	근	덕	거	리	다

2 낱말 뜻 알기

가 수련 나 상머리
다 뒤울안 라 씨근덕
마 시기 바 들, 문
사 팔각 아 다락

3 비슷한 말 반대말 알기

가 수런거리다 나 ↔
다 ↔ 라 = 마 = 바 ↔

4 큰 말 작은 말 알기

가 < 나 소반
다 팔각소반 라 > 마 행동
바 씨근덕거리다 사 <
아 그릇 자 보시기

5 짝을 이루는 말 찾기

가 벼락 맞는다. 나 ①
다 눈이 라 ②

6 낱말 활용하기

가 ① 나 ③ 다 ④ 라 ⑦
마 예 텔레비전 드라마를 보다가 슬픈 장면이 나오면 엉엉 울어 버리는 우리 언니를 볼 때

8회 정답

1 가로세로 낱말찾기

보	살	★	다	방	면	포	석	정	녕
소	제	구	성	원	승	급	쇠	양	반
리	례	팔	서	민	화	목	하	다	첨
꾼	악	달	★	모	듬	살	이	★	성
화	서	문	보	금	자	리	봉	수	대

2 낱말 뜻 알기

가 보살 나 다방면
다 모듬 라 승급
마 포석정 바 석쇠
사 봉수대 아 소리

3 비슷한 말 반대말 알기

가 다방면 나 = 다 ↔
라 = 마 = 바 =

4 큰 말 작은 말 알기

가 < 나 신분 다 양반
라 < 마 문화유적
바 첨성대 사 > 아 사람
자 소리꾼

5 짝을 이루는 말 찾기

가 장에 가 호령한다.
나 ① 다 봉화를 라 ②

6 낱말 활용하기

가 ② 나 ④ 다 ⑥ 라 ①
마 예 유관순 언니가 봉화를 들자 만세를 외치는 사람들이 전국적으로 퍼져 나갔다.

9회 정답

1 가로세로 낱말찾기

보	채	다	십	장	생	★	진	취	적
따	름	출	입	온	돌	차	근	병	공
리	심	통	태	도	★	지	정	문	정
눈	아	랑	곳	백	과	사	전	안	하
살	한	결	지	적	제	진	지	하	다

2 낱말 뜻 알기

가 보채다 나 진취적
다 진지 라 아랑
마 보따리 바 십, 생
사 사진 아 문안

3 비슷한 말 반대말 알기

가 병문안 나 = 다 =
라 = 마 ↔ 바 =

4 큰 말 작은 말 알기

가 > 나 정전 다 근정전
라 < 마 태도 바 보채다
사 > 아 난방법 자 온돌

5 짝을 이루는 말 찾기

가 여기다. 나 ②
다 보따리를 라 ①

6 낱말 활용하기

가 ③ 나 ⑤ 다 ④ 라 ①
마 예 출입 금지라고 쓰여 있었지만, 나는 아랑곳하지 않고 들어갔다.

5 ⊕ 3 ⊖ 1 = 7

12 ⊖ 3 = 5 ⊕ 4

7 + 10 ⊖ 2 = 11 ⊕ 8 ⊖ 4

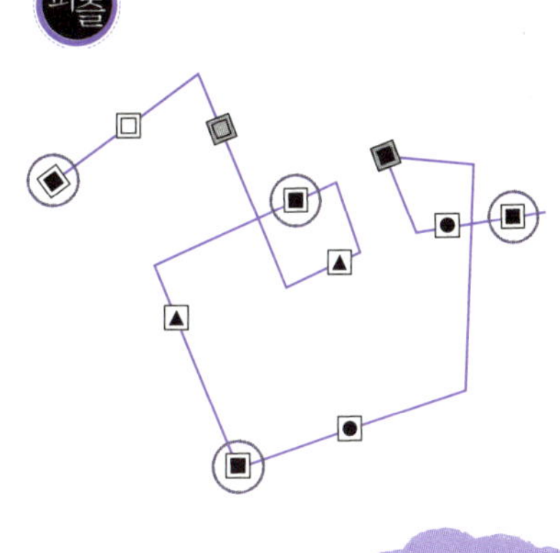

소 화 기

10회

정답

① 가로세로 낱말찾기

또	랑	또	랑	채	비	결	종	교	적
두	바	깥	★	반	극	대	화	오	지
렷	풍	웅	덩	이	꽁	지	깃	락	탱
두	작	담	치	돌	부	리	대	성	하
렷	뻐	드	렁	니	울	렁	거	리	다

② 낱말 뜻 알기

㉮ 두, 두 ㉯ 지탱
㉰ 오락 ㉱ 채비
㉲ 채반 ㉳ 부리
㉴ 깃대 ㉵ 뻐드렁

③ 비슷한 말 반대말 알기

㉮ 채비 ㉯ ↔ ㉰ =
㉱ ↔ ㉲ ↔ ㉳ =

④ 큰 말 작은 말 알기

㉮ > ㉯ 모양 ㉰ 두렷두렷
㉱ < ㉲ 종교 ㉳ 불교
㉴ > ㉵ 치아 ㉶ 뻐드렁니

⑤ 짝을 이루는 말 찾기

㉮ 용수가 되게 우긴다.
㉯ ② ㉰ 재수 없는 포수는
곰을 잡아도 ㉱ ①

⑥ 낱말 활용하기

㉮ ② ㉯ ③ ㉰ ⑤ ㉱ ⑥
㉲ 예 올해는 날씨가 좋아
서 과일이 풍작이다.

11회

정답

① 가로세로 낱말찾기

구	실	양	로	원	주	민	둥	산	흔
조	타	협	동	급	생	간	창	조	적
대	래	기	아	쉬	움	신	이	로	움
아	름	드	리	★	원	앙	랑	★	막
놋	다	리	밟	기	바	람	직	하	다

② 낱말 뜻 알기

㉮ 타협 ㉯ 동급생
㉰ 드리 ㉱ 바람직하다
㉲ 실타래 ㉳ 민둥산
㉴ 이랑 ㉵ 놋다리

③ 비슷한 말 반대말 알기

㉮ 이로움 ㉯ = ㉰ ↔
㉱ = ㉲ = ㉳ ↔

④ 큰 말 작은 말 알기

㉮ < ㉯ 학생 ㉰ 동급생
㉱ > ㉲ 마음 ㉳ 아쉬움
㉴ < ㉵ 주민 ㉶ 원주민

⑤ 짝을 이루는 말 찾기

㉮ 고랑이 이랑 된다. ㉯ ①
㉰ 작은 도끼로 ㉱ ②

⑥ 낱말 활용하기

㉮ ③ ㉯ ⑥ ㉰ ① ㉱ ⑦
㉲ 예 네가 먼저 사과를 하
는 게 가장 바람직한 해결
방법이다.

12회

정답

① 가로세로 낱말찾기

격	식	근	심	어	린	외	교	자	상
차	중	근	거	하	다	양	탄	자	★
굳	독	이	현	황	도	간	조	바	심
건	초	더	미	개	인	솔	제	둑	보
히	죽	마	고	우	★	해	커	화	로

② 낱말 뜻 알기

㉮ 격식 ㉯ 근거
㉰ 굳건 ㉱ 죽, 고
㉲ 교자 ㉳ 양탄자
㉴ 외양간 ㉵ 바둑

③ 비슷한 말 반대말 알기

㉮ 양탄자 ㉯ = ㉰ =
㉱ = ㉲ ↔ ㉳ =

④ 큰 말 작은 말 알기

㉮ > ㉯ 모양 ㉰ 히죽
㉱ > ㉲ 친구 ㉳ 죽마고우
㉴ < ㉵ 사람 ㉶ 미개인

⑤ 짝을 이루는 말 찾기

㉮ 말 한마디에 갈라선다.
㉯ ② ㉰ 빈 외양간에
㉱ ①

⑥ 낱말 활용하기

㉮ ② ㉯ ⑥ ㉰ ① ㉱ ⑦
㉲ 우리 집은 근근이 먹고
사는 정도라 해외여행은 꿈
도 꿀 수 없다.

13회

퍼즐

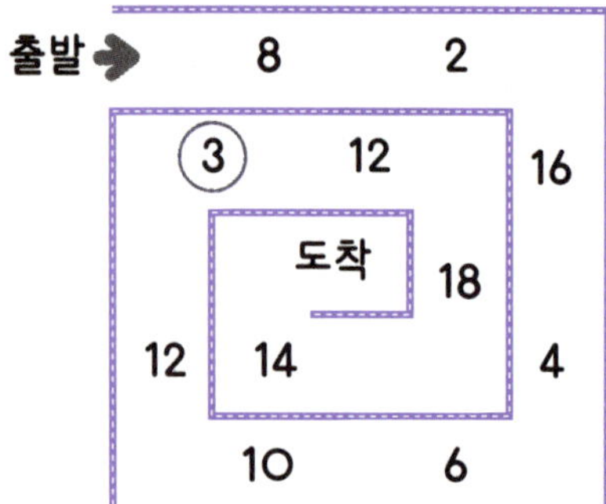

출발 ➡ 8 2
③ 12 16
도착 18
12 14 4
10 6

모두 짝수인데 3만 홀수입니다.

정답

1 가로세로 낱말찾기

어	귀	공	자	립	방	구	멍	게	말
수	감	풀	백	사	장	도	리	슴	똥
선	돌	뜸	허	★	옷	가	지	츠	지
하	다	머	릿	살	노	고	샅	레	기
다	기	둥	살	신	성	인	벌	이	줄

2 낱말 뜻 알기

- 가 게슴츠레
- 나 고샅
- 다 어귀
- 라 살신성인
- 마 방, 멍
- 바 장도리
- 사 장옷
- 아 벌이

3 비슷한 말 반대말 알기

- 가 귀감
- 나 =
- 다 ↔
- 라 =
- 마 =
- 바 =

4 큰 말 작은 말 알기

- 가 <
- 나 옷
- 다 장옷
- 라 >
- 마 연장
- 바 장도리
- 사 <
- 아 행동
- 자 감돌다

5 짝을 이루는 말 찾기

- 가 낙이 온다.
- 나 ①
- 다 장옷 쓰고
- 라 ②

6 낱말 활용하기

- 가 ⑦
- 나 ⑤
- 다 ①
- 라 ⑥
- 마 오랫동안 힘든 훈련을 해서 올림픽 금메달을 딴 선수를 볼 때

14회

퍼즐

 ③ 번

정답

1 가로세로 낱말찾기

치	요	양	원	패	러	글	라	이	딩
매	트	각	근	위	병	피	이	까	짓
국	경	일	감	쪽	같	이	벌	리	다
노	곤	하	다	수	익	금	강	석	★
관	람	료	발	스	쿠	버	다	이	빙

2 낱말 뜻 알기

- 가 치매
- 나 요양원
- 다 감, 같
- 라 노곤하다
- 마 스쿠버다이빙
- 바 패러글
- 사 요트
- 아 금강

3 비슷한 말 반대말 알기

- 가 금강석
- 나 =
- 다 ↔
- 라 ↔
- 마 =
- 바 ↔

4 큰 말 작은 말 알기

- 가 <
- 나 국경일
- 다 제헌절
- 라 >
- 마 보석
- 바 금강석
- 사 >
- 아 질병
- 자 치매

5 짝을 이루는 말 찾기

- 가 오므리나
- 나 ②
- 다 구름같이
- 라 ①

6 낱말 활용하기

- 가 ②
- 나 ③
- 다 ④
- 라 ⑤
- 마 방금 전까지 옆에서 함께 청소를 하던 친구가 고개를 들어 보니 없어졌을 때

15회

퍼즐

정답

1 가로세로 낱말찾기

★	무	장	간	첩	첩	산	중	립	국
올	잠	수	함	자	투	리	산	세	끈
바	성	★	지	포	역	경	층	면	질
르	품	초	킴	자	대	님	★	대	기
다	★	소	이	기	마	병	두	텁	다

2 낱말 뜻 알기

- 가 무장
- 나 첩, 중
- 다 역경
- 라 포, 기
- 마 기마
- 바 세면대
- 사 잠수함
- 아 대님

3 비슷한 말 반대말 알기

- 가 올바르다
- 나 =
- 다 =
- 라 =
- 마 =
- 바 ↔

4 큰 말 작은 말 알기

- 가 >
- 나 국가
- 다 중립국
- 라 <
- 마 계층
- 바 중산층
- 사 >
- 아 성품
- 자 정직하다

5 짝을 이루는 말 찾기

- 가 두텁다.
- 나 ①
- 다 성품이
- 라 ②

6 낱말 활용하기

- 가 ⑦
- 나 ⑤
- 다 ④
- 라 ②
- 마 옛날 사람들은 옷을 만들고 남은 천의 자투리를 모아 조각보를 만들었다.

퍼즐

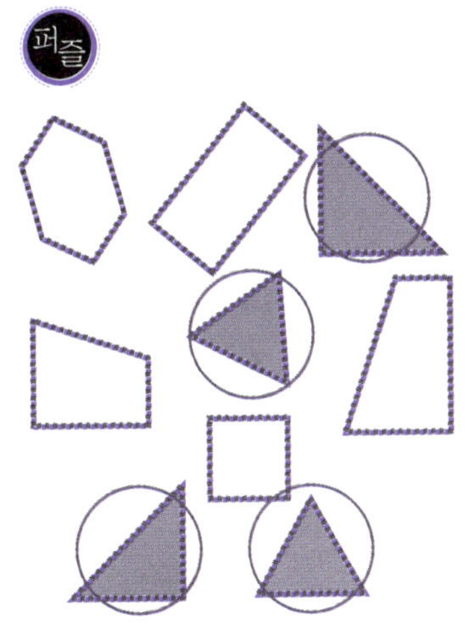

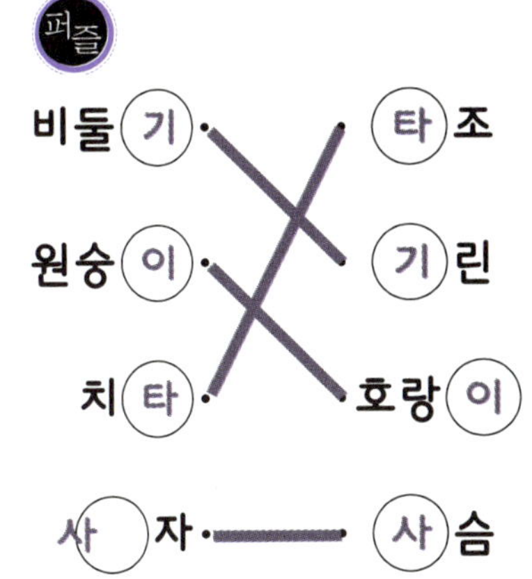

④번

16회

정답

① 가로세로 낱말찾기

질	기	다	★	모	재	근	뽀	로	통
고	수	줍	음	둠	잘	심	마	니	발
무	쇠	심	지	어	거	문	고	갈	뒤
총	각	무	더	기	리	지	삐	퀴	꿈
부	쩍	감	소	하	다	방	아	쇠	치

② 낱말 뜻 알기

㉮ 뽀로통 ㉯ 문지방
㉰ 무더기 ㉴ 심지어
㉵ 고무 ㉶ 통발
㉷ 총각 ㉸ 방아

③ 비슷한 말 반대말 알기

㉮ 근심 ㉯ ↔ ㉰ =
㉴ = ㉵ ↔ ㉶ ↔

④ 큰 말 작은 말 알기

㉮ < ㉯ 무 ㉰ 총각무
㉴ < ㉵ 장소 ㉶ 음지
㉷ > ㉸ 양의 변화
㉹ 증가하다

⑤ 짝을 이루는 말 찾기

㉮ 닳도록 드나들다. ㉯ ②
㉰ 무 ㉴ ①

⑥ 낱말 활용하기

㉮ ⑤ ㉯ ② ㉰ ① ㉴ ⑦
㉵ 친구를 괴롭히고 심지어 때리기까지 했으니 당연히 벌을 받아야 한다.

17회

정답

① 가로세로 낱말찾기

소	액	과	수	원	시	림	비	용	연
득	면	밀	하	다	직	판	장	두	구
가	지	각	색	★	경	매	★	레	들
계	극	대	화	장	지	기	자	재	장
부	히	충	★	유	익	하	다	래	★

② 낱말 뜻 알기

㉮ 직판장 ㉯ 기자재
㉰ 가계부 ㉴ 면밀
㉵ 과수원 ㉶ 화장지
㉷ 두레 ㉸ 구들

③ 비슷한 말 반대말 알기

㉮ 유익하다 ㉯ = ㉰ ↔
㉴ = ㉵ = ㉶ ↔

④ 큰 말 작은 말 알기

㉮ > ㉯ 판매기 ㉰ 커피 자판기 ㉴ > ㉵ 여행 비용
㉶ 차비 ㉷ < ㉸ 기자재
㉹ 기계

⑤ 짝을 이루는 말 찾기

㉮ 쓰는 자랑하랬다. ㉯ ②
㉰ 구들장을 ㉴ ①

⑥ 낱말 활용하기

㉮ ⑤ ㉯ ⑦ ㉰ ① ㉴ ②
㉵ 게으른 삼촌이 늘 TV를 틀어놓고 누워있을 때

18회

정답

① 가로세로 낱말찾기

안	보	의	식	민	지	총	리	착	취
도	입	부	★	방	충	망	향	제	뉘
국	바	늘	땀	위	족	하	다	스	우
방	르	봉	양	재	기	본	권	처	치
력	다	듬	질	투	심	밀	접	하	다

② 낱말 뜻 알기

㉮ 안보 ㉯ 총리
㉰ 입바르 ㉴ 뉘우치
㉵ 바늘땀 ㉶ 방충망
㉷ 양재기 ㉸ 향제

③ 비슷한 말 반대말 알기

㉮ 착취 ㉯ = ㉰ ↔
㉴ = ㉵ = ㉶ ↔

④ 큰 말 작은 말 알기

㉮ < ㉰ 제사 ㉴ 망향제
㉵ > ㉵ 국방력 ㉶ 군사
㉷ < ㉸ 마음 ㉹ 질투심

⑤ 짝을 이루는 말 찾기

㉮ 백성이 근본이다. ㉯ ①
㉰ 마음에 ㉴ ②

⑥ 낱말 활용하기

㉮ ① ㉰ ③ ㉴ ⑥ ㉴ ②
㉵ 온 가족이 건강하고 행복하면 그것으로 족하다.

19회

퍼즐

2점 슛 : **5** 개

3점 슛 : **2** 개

정답

1 가로세로 낱말찾기

태	평	성	대	냅	얼	호	리	호	리
받	아	넘	기	다	떨	떠	름	하	다
일	렁	이	다	식	결	메	주	어	참
대	장	부	말	판	에	다	얼	레	빗
기	호	품	법	석	거	리	다	미	★

2 낱말 뜻 알기
- ㉮ 태평성대 ㉯ 떨떠름
- ㉰ 얼떨결 ㉱ 법석거
- ㉲ 얼레 ㉳ 말판
- ㉴ 어레 ㉵ 기호

3 비슷한 말 반대말 알기
- ㉮ 얼레빗 ㉯ = ㉰ ↔
- ㉱ ↔ ㉲ ↔ ㉳ ↔

4 큰 말 작은 말 알기
- ㉮ < ㉯ 기호품 ㉰ 커피
- ㉱ > ㉲ 빗 ㉳ 참빗
- ㉴ < ㉵ 모양 ㉶ 호리호리

5 짝을 이루는 말 찾기
- ㉮ 일다. ㉯ ②
- ㉰ 중의 ㉱ ①

6 낱말 활용하기
- ㉮ ⑤ ㉯ ③ ㉰ ① ㉱ ④
- ㉲ 친구들에게 떠밀려서 억지로 조장을 맡긴 했지만 기분이 떨떠름하다.

20회

퍼즐

정답

1 가로세로 낱말찾기

살	림	살	이	푼	푼	이	기	입	장
고	신	동	목	돈	가	스	용	★	연
랭	탁	문	종	이	시	등	고	선	료
지	송	서	로	★	환	전	주	거	비
예	금	답	부	조	금	현	명	하	다

2 낱말 뜻 알기
- ㉮ 살림이 ㉯ 동, 서
- ㉰ 고랭지 ㉱ 현명
- ㉲ 지시등 ㉳ 가스
- ㉴ 문종이 ㉵ 풍로

3 비슷한 말 반대말 알기
- ㉮ 목돈 ㉯ = ㉰ =
- ㉱ = ㉲ = ㉳ =

4 큰 말 작은 말 알기
- ㉮ < ㉯ 예금 ㉰ 보통 예금
- ㉱ > ㉲ 연료비 ㉳ 가스비
- ㉴ > ㉵ 주거비 ㉶ 집세

5 짝을 이루는 말 찾기
- ㉮ 눈이 보배 ㉯ ②
- ㉰ 돈을 ㉱ ①

6 낱말 활용하기
- ㉮ ④ ㉯ ⑤ ㉰ ⑥ ㉱ ②
- ㉲ 열심히 일하고 저축했더니 해마다 살림살이가 조금씩 나아지고 있다.

21회

퍼즐

사과

정답

1 가로세로 낱말찾기

능	청	파	상	풍	★	길	섶	도	랑
야	패	랭	이	기	주	의	뢰	하	다
무	기	한	두	발	견	본	인	력	거
지	팡	이	레	하	집	게	손	가	락
다	주	렁	박	다	★	달	개	비	★

2 낱말 뜻 알기
- ㉮ 능청 ㉯ 파상
- ㉰ 이기주의 ㉱ 기발
- ㉲ 패랭 ㉳ 지팡
- ㉴ 인력거 ㉵ 집게

3 비슷한 말 반대말 알기
- ㉮ 두발 ㉯ ↔ ㉰ =
- ㉱ ↔ ㉲ ↔ ㉳ =

4 큰 말 작은 말 알기
- ㉮ > ㉯ 박 ㉰ 주렁박
- ㉱ < ㉲ 질병 ㉳ 파상풍
- ㉴ > ㉵ 갓 ㉶ 패랭이

5 짝을 이루는 말 찾기
- ㉮ 가재 잡는다. ㉯ ①
- ㉰ 입이 ㉱ ②

6 낱말 활용하기
- ㉮ ③ ㉯ ⑤ ㉰ ② ㉱ ⑥
- ㉲ 발에 걸린 돌을 치웠는데 교장 선생님께서 보시고 착한 어린이 상을 주셨을 때

22회

② 번

정답

1 가로세로 낱말찾기

윷	★	어	깨	춤	★	흥	겨	움	장
판	다	지	곧	잘	랑	잘	랑	동	난
정	이	간	은	공	참	록	전	대	스
승	빙	히	길	손	견	주	다	문	럽
불	쑥	대	머	리	배	신	명	나	다

2 낱말 뜻 알기

가 어깨춤 나 잘랑잘랑
다 어지간 라 쑥대
마 판다 바 대문
사 다이빙 아 전대

3 비슷한 말 반대말 알기

가 길손 나 = 다 ↔
라 = 마 ↔ 바 =

4 큰 말 작은 말 알기

가 < 나 수영 다 다이빙
라 < 마 모양 바 잘록
사 > 아 사대문 자 동대문

5 짝을 이루는 말 찾기

가 들다. 나 ②
다 나그네 라 ①

6 낱말 활용하기

가 ⑦ 나 ① 다 ④ 라 ②
마 어지간히 덥지 않으면
에어컨 대신 선풍기를 켜라.

23회

③ 번

정답

1 가로세로 낱말찾기

올	비	슬	비	슬	뒷	짐	모	씨	끔
찬	피	동	물	배	간	★	통	암	벅
임	자	수	동	돌	설	움	이	탉	끔
철	부	지	이	다	도	란	도	란	벅
렁	시	무	룩	하	다	엄	청	나	다

2 낱말 뜻 알기

가 올찬 나 끔벅끔벅
다 시무룩 라 배돌
마 뒷짐 바 자수
사 암탉 아 피자

3 비슷한 말 반대말 알기

가 임자 나 ↔ 다 =
라 = 마 ↔ 바 =

4 큰 말 작은 말 알기

가 > 나 찬피동물
다 양서류 라 < 마 모양
바 비슬비슬 사 >
아 어린이 자 철부지

5 짝을 이루는 말 찾기

가 만나다. 나 ①
다 간이 라 ②

6 낱말 활용하기

가 ① 나 ④ 다 ⑦ 라 ③
마 친구들과 모닥불 앞에
앉아서 도란도란 이야기를
나누었다.

24회

	대성	승리	태양
딸기	×	×	○
초코	×	○	×
바나나	○	×	×

대성

정답

1 가로세로 낱말찾기

화	들	짝	짐	배	금	줄	외	양	간
부	여	태	짓	치	잔	잡	래	더	미
정	름	권	리	작	디	다	어	듬	신
자	새	도	복	대	롱	대	롱	이	★
격	투	기	★	다	★	말	끄	러	미

2 낱말 뜻 알기

가 화들짝 나 배치작
다 말끄러미 라 줄잡
마 태권도 바 더듬
사 금잔디 아 금줄

3 비슷한 말 반대말 알기

가 화들짝 나 = 다 =
라 ↔ 마 ↔ 바 =

4 큰 말 작은 말 알기

가 > 나 격투기 다 태권도
라 > 마 여름새 바 제비
사 < 아 외래어 자 버스

5 짝을 이루는 말 찾기

가 신주 믿듯 나 ②
다 돈 더미에 라 ①

6 낱말 활용하기

가 ② 나 ④ 다 ① 라 ⑤
마 우현이가 갑자기 나타나
서 깜짝 놀랐지만 짐짓 태연
한 척 인사를 나누었다.

25회

퍼즐 

5×3-7=8, 문어의 다리는 여덟 개입니다.

④ 번

정답

① 가로세로 낱말찾기

방	독	면	손	★	고	물	난	리	동
아	군	진	수	성	찬	란	하	다	댕
깨	말	땀	레	밥	볼	멘	소	리	이
비	댓	돌	십	상	역	도	감	★	치
연	장	아	찌	보	정	성	스	럽	다

② 낱말 뜻 알기

가 진수성찬　나 십상
다 찬란　라 동댕이
마 방독면　바 손수레
사 상보　자 방아깨비

③ 비슷한 말 반대말 알기

가 아군　나 ＝　다 ↔
라 ＝　마 ＝　바 ＝

④ 큰 말 작은 말 알기

가 ＞　나 메뚜기
다 방아깨비　라 ＜
마 도감　바 식물도감
사 ＞　아 물난리　자 가뭄

⑤ 짝을 이루는 말 찾기

가 유월 한철이다.　다 ②
다 싱겁기는　라 ①

⑥ 낱말 활용하기

가 ⑦　나 ③　다 ①　라 ④
마 갑자기 인기가 오르자 거만해진 가수에게 충고해 주고 싶을 때

26회

퍼즐 

④ 번

정답

① 가로세로 낱말찾기

갈	증	무	사	태	평	어	영	부	영
기	★	언	노	다	지	처	디	디	다
박	탈	극	략	슬	쩍	구	딜	자	율
차	순	풍	질	기	다	니	방	이	령
서	낭	당	분	감	연	달	아	너	★

② 낱말 뜻 알기

가 사태평　나 어, 부
다 노다　라 어처구
마 갈기　바 무언
사 디자이　아 서낭

③ 비슷한 말 반대말 알기

가 갈증　나 ＝　다 ↔
라 ＝　마 ＝　바 ＝

④ 큰 말 작은 말 알기

가 ＜　나 방아
다 디딜방아　라 ＞
마 바람　바 순풍　사 ＜
아 디자이너　자 건축가

⑤ 짝을 이루는 말 찾기

가 외로 질지 바로 질지 모른다.　나 ①　다 순풍에　라 ②

⑥ 낱말 활용하기

가 ②　나 ④　다 ⑥　라 ③
마 나는 우리 반 팔씨름 대회에서 연달아 상대를 쓰러뜨리고 우승했다.

27회

퍼즐 

② 번

정답

① 가로세로 낱말찾기

자	장	면	★	붙	박	이	장	끼	황
업	소	면	친	근	감	민	족	성	급
자	세	히	선	코	홀	리	개	공	하
득	점	트	경	뚜	기	팽	팽	하	다
야	상	곡	기	레	다	이	정	표	★

② 낱말 뜻 알기

가 민족성　나 야상
다 황급　라 업, 득
마 붙박이　바 장끼
사 이정　아 자장

③ 비슷한 말 반대말 알기

가 득점　나 ↔　다
라 ＝　마 ↔　바 ＝

④ 큰 말 작은 말 알기

가 ＜　나 중화요리
다 자장면　라 ＞　마 꿩
바 장끼　사 ＞　아 음악
자 야상곡

⑤ 짝을 이루는 말 찾기

가 알 먹는다.　나 ①
다 공기가　라 ②

⑥ 낱말 활용하기

가 ⑥　나 ①　다 ⑤　라 ④
마 신호등이 빨간불일 때 횡단보도를 건너다가 사고를 당했으니 자업자득이다.